SEPP, JETZ GEHT'S DAHI

EINE KLEINE BAYERISCHE KULTURGESCHICHTE VOM TOD

Peter Dermühl

SEPP, JETZ GEHT'S DAHI

EINE KLEINE BAYERISCHE KULTURGESCHICHTE VOM TOD

Volk Verlag München

Mit Illustrationen von Peter Engel

2. Auflage November 2019

Die Deutsche Bibliothek verzeichnet diese Publikation in der Deutschen Nationalbibliografie; detaillierte bibliografische Daten sind im Internet über http://dnb.ddb.de abrufbar.

© 2019 by Volk Verlag München
Neumarkter Straße 23; 81673 München
Tel. 089 / 420 79 69 80; Fax: 089 / 420 79 69 86

Druck: Himmer, Augsburg

ISBN 978-3-86222-267-4

www.volkverlag.de

Inhalt

Das Sterben und der Tod

Der heutige Mensch hat eine ziemliche Ahnung vom Sterben und vom Tod. Über Jahre hinweg wurde er am Fernseher in Dauerberieselung kompetent gemacht. Rundfunkbetreiber schicken jede Menge Mord und Totschlag in die guten Stuben – und das ohne Rücksicht auf die Sonn- und Feiertagsruhe oder auf Pietät und gute Sitten. Serien vom Tatort, aus der Gerichtsmedizin und über ungeklärte Kapitalverbrechen halten die Sender am Leben und können es quotenmäßig mit den konkurrierenden Fußball-Übertragungen aufnehmen.

Wenn er aber im richtigen Leben irgendwann doch noch kommt, der Tod, dann geht der heutige Mensch oft einsam und verlassen von dieser Welt. Nicht wie früher von daheim aus und in Gesellschaft der Familie und Freunde. Heute findet der Tod den Menschen auf anonymen Intensivstationen oder in Pflegeheimen. Und liegt er am Ende tot da und beginnt vielleicht schon zu riechen, bringt den trauernden Angehörigen ihre ganze „Tatort"-Erfahrung gar nichts. Die meisten wissen vor lauter Angst und Beklommenheit gar nicht, wohin mit sich.

Der Herr Gevatter wurde nämlich zum Todfeind erklärt und aus der Mitte der Gesellschaft davongejagt – aus den Augen und aus dem Sinn. Erst der böse Schicksalsschlag würde den Menschen zum hautnahen Gegenüber zwingen, gäbe es inzwischen nicht eine effizient durchprogrammierte Bestattungs- und Trauerindustrie.

Zudem wächst die Hoffnung, dass sich das Sterben, das bekanntlich grausam sein kann, durch den medizinisch-technischen und biologisch-pharmazeutischen Fortschritt schon noch selbst erledigt.

Das Zusammenleben mit dem Boandlkramer war beendet, als die Menschen nach 1945 von einem längeren und leichteren Leben in Frieden zu träumen begannen. Viele hatten innerhalb von nur 31 Jahren in zwei verheerenden Weltkriegen ums Überleben gekämpft. Der Alltag war bestimmt von Leid und Not, Sterben und Tod. Allein in Deutschland starben unvorstellbare elf Millionen Zivilisten und Soldaten in zusammengerechnet zehn Kriegsjahren. Mit dem Tod musste Schluss sein. Weg mit ihm aus dem Leben!

Aber genau da kam er her, der Gevatter, aus einem für heutige Verhältnisse sehr kurzen Leben, das einem normalen Erdenbürger lange vor den Segnungen der Hygiene und der Medizin beschieden war. Im Lande Bayern hatte die christkatholische Kirche über die Jahrhunderte hinweg eifrig die Vorstellung genährt, wenn Gott es nur will, dann löscht er das Lebenslicht auch des braven Christenmenschen schnell aus. Und wenn er gnädig ist, schmerzlos. Lange zu fragen, warum der Himmelsvater jetzt ausgerechnet das liebe Weib oder das Kind zu sich rufen musste, dazu hatte niemand das Recht – und damit zu hadern, gleich gar nicht.

Jetzt zählte die Gemeinschaft, weil am Ende eines Lebens niemand allein sein durfte. Sie war tragfähig genug, um einen Trauernden aufzufangen und wieder aufzurichten. Das Miteinander hatte Vorrang vor der Eigenbrötelei. Ein vielfältiges, nicht selten wunderbares Regelwerk aus uraltem Brauchtum und den seltsamsten Ritualen sorgte für Ordnung und gab Orientierung.

In den allerletzten Momenten eines Menschenlebens und beim Abgang von dieser Welt gelangt der Volksglaube mit seinen Deutungen, Ritualen und Brauchtümern zu seinem wahren Höhepunkt. In den gut 300.000 Jahren Erdendasein versuchte der Homo sapiens immer schon mit dem für ihn Unfassbaren zurechtzukommen. Er wollte Trost und einen sicheren Halt in dem Meer der Hoffnungslosigkeit finden. Die Erkenntnis, eines Tages für das Weiterleben nicht mehr zu taugen, hinfällig zu werden und dann letztlich spurlos zu verschwinden, war damals wie heute schwer zu ertragen. Immer war der Tod stärker als das Leben und überall lauerten Gefahren durch Kriege, durch Scharmützel, durch die Unbillen des Alltags und durch Krankheiten, die als immer wiederkehrende Seuchen den Kontinent heimsuchten.

In vielen Gegenden Bayerns sind heute noch die Folgen einer kaum vorstellbaren Katastrophe aus der Zeit des Spätmittelalters zu erkennen. Es sind Orte, Plätze und Kulturhandlungen, die mit der Pest, die ab 1347 mit

Unterbrechungen bis ins 18. Jahrhundert wütete, zu tun haben. Der „Schwarze Tod", das damalige Strafgericht Gottes, hatte sich am Nachmittag des 25. Januar 1348 im ganzen südlichen Bayern mit einem Erdbeben angemeldet. In Passau schwankten die vielen Kirchtürme und ein Kloster fiel in Trümmer. Auch München wankte. Es rutschten Ziegel von den Dächern, Fachwerk brach. Kurz darauf holte sich die Pestilenz im Heilig-Geist-Spital einen jungen Reisenden als erstes Opfer. In diesen

Zeiten geschah nichts ohne größte Symbolik, nichts ohne einen Fingerzeig des Schicksals. Als Vorbote der Ereignisse wurde auch das Ende des Bayern-Kaisers Ludwig gedeutet. Er war drei Monate zuvor bei der Bärenjagd in Puch bei Fürstenfeldbruck nach einem Schlaganfall tot vom Pferd gefallen.

Fast vier Jahrhunderte kämpfte das Bayernland mit allerlei Mitteln gegen die verheerende Seuche. Von dieser dunklen Zeit zeugen heute noch Pest-Säulen, Pest-Kapellen und Pest-Wallfahrten, Pest-Heilige wie Sebastian und Rochus sowie Pest-Gelübde, aus denen sakrale Feierlichkeiten wie die Passionsspiele in Oberammergau hervorgingen.

Es gab aber auch Pest-Pogrome in diesem Land der Christen, das sich die stets verzeihende, liebende Muttergottes als Schutzpatronin ausgesucht hatte. In 400 bayerischen Städten und Gemeinden wurden Juden als die „wahren Schuldigen und Brunnenvergifter" vertrieben, erschlagen oder verbrannt. Die Pest-Pogrome setzten das Werk der katholischen Hassprediger fort, die die Juden als angebliche Kindermörder und Hostienschänder für vogelfrei erklärt hatten.

Leidgeprüft war der bayerische Mensch zu dieser Zeit bereits. Um das Jahr 1250 war es zu einem kontinentalen Klimawandel gekommen, der eine weitere Katastrophe auslöste. Bis dahin hatte die um 950 begonnene mittelalterliche Warmzeit als sogenannte Klima-Anomalie angehalten. Die beinahe italienischen Temperaturen bescherten nicht nur den Anbau von Wein und Zitrusfrüchten zum Beispiel entlang der Donau von Regensburg bis Passau. Ernteüberschüsse machten Bayern reich. Das Land erlebte eine kulturelle Blüte sondersgleichen. Das alles erstarb bald im Dauerfrost. Es folgte die durch einen schwächer gewordenen Golfstrom und durch eine geänderte Umlaufbahn der Erde um die Sonne verursachte Kleine Eiszeit, die – wenn auch allmählich milder werdend – bis ins 19. Jahrhundert reichte. Oftmals bis Juni hielt sich das Eis an Flüssen und Seen. Unter der Klimaverschiebung brach vor allem die Nahrungsmittelproduktion zusammen.

Weil in den gefrorenen Böden Niederschläge nicht mehr versickern konnten, verheerte im Juli 1342 das sogenannte Magdalenenhochwasser fast den gesamten mitteleuropäischen Raum und somit auch Teile Bayerns. Es war die schlimmste Überschwemmungskatastrophe des 2. Jahrtausends in der Mitte Europas. Unvorstellbare 13 Milliarden Tonnen größtenteils fruchtbaren Ackerlandes gingen verloren. Dieses Unglück setzte eine Kettenreaktion furchtbaren Ausmaßes in Gang: Allein zwischen 1348 und 1354 starben in Europa 25 Millionen Menschen entweder an den Folgen von Missernten oder aufgrund der haarsträubenden Hygieneverhältnisse an der Pest. Davor bevölkerten etwa 65 Millionen den Kontinent. Danach waren ganze Landstriche leergefegt. Schlimmer noch: Auf Zypern oder Grönland fand sich kein einziger Mensch mehr. Zum Vergleich: Der Dreißigjährige Krieg forderte etwa sechs Millionen Tote, im weitgehend auf Europa beschränkten Ersten Weltkrieg kamen 17,2 Millionen Menschen ums Leben.

Nach diesem eher lebensfeindlichen 14. Jahrhundert brachte es der bayerische Durchschnittsmensch gerade einmal auf magere 35 Lebensjahre. Heute werden ab diesem Alter Familien gegründet, Kinder geboren – und an ein geruhsames Seniorendasein bis mindestens achtzig Jahre gedacht. Damals aber stand der Tod mitten im kurzen Leben. Kaum auf der Welt, hieß es für den katholischen Täufling schon: „Memento mori – Gedenke, dass Du sterblich bist". Hinzu kam bald die „Vanitas" (lateinisch für „Nichtigkeit" u.a.). Ein mahnendes Wort, das an die Vergänglichkeit alles Irdischen erinnert und für die Machtlosigkeit des Menschen steht, der so gerne Herr über Leben und Tod sein will. Tagtäglich begleitete die „Vanitas" unsere bayerischen Vorfahren in ihren Gemeinschaften in der Stadt und auf dem Land bis zum oftmals sehr frühen Ende ihres Lebens. Große Not und der drohende rasche Tod ließen die Menschen eng zusammenrücken.

Und mittendrin immer der Herr Gevatter, der lange Zeit Verständnis und Güte verkörperte. Aus ihm machte die Kirche später den bösen Sensenmann – zum Zwecke der Rückbindung und Disziplinierung ihrer Schäflein.

Der „Boandlkramer"

Im bayerischen Volk hatte das Bild vom gütigen Begleiter hinüber ins Paradies lange Zeit noch Bestand. Dazu gesellte sich Hintersinniges und Kurzweiliges ebenso wie der rebellische Geist. Und das zum Leidwesen jeder Obrigkeit im Bayernland – fast jeder Obrigkeit …

Das Gelächter im edlen Rokoko-Zimmer wollte und wollte nicht aufhören und es schallte noch lange durch die weiten Flure der Münchner Residenz. Wieder einmal hatte sich der wissbegierige König Maximilian II. Joseph des Abends zur geistig-seelischen Nahrungsaufnahme mit Dichtern, Denkern und weiteren Geistesarbeitern nicht nur aus seinem Reich umgeben. Die mitunter sehr heitere Erhebung des Gemüts gefiel nicht nur dem König. In dem später als „seiner Majestät Tafelrunde" spöttisch bekrittelten Kreis um den Monarchen, den die Münchner wegen seiner Hochgestochenheit nicht leiden konnten, saßen an diesem Sommerabend des Jahres 1861 leger und feine königliche Zigarren schmauchend: Nord- und Westlichter wie Hans Christian Andersen, Theodor Fontane, Paul Heyse oder Justus von Liebig sowie als eingeborene Münchner neben dem ebenfalls in der Residenzstadt geborenen König der lustige Franz Graf von Pocci und der nicht minder gut aufgelegte Franz von Kobell. Dieser gerade in den Ritterstand erhobene Kobell war nicht nur ein hochangesehener Mineralogie-Professor an der hiesigen Ludwig-Maximilians-Universität und Mitentdecker der Fotografie, sondern auch ein tadelloser Altbaier. Mit

seinem König teilte er die Heimatliebe, die hingebungs-
volle Pflege der Kultur seines Volkes und die kraftvolle
Verteidigung des bayerischen Nationalgefühls gegen
jegliche Art deutscher Vereinnahmungsbestrebungen,
vornehmlich von Preußen her kommend. Es war der
Herr Professor, der beim Vorlesen erster Entwürfe zu
einer Erzählung die anhaltenden Lachsalven und das
prasselnde Schenkelklopfen in der Residenz ausgelöst
hatte.

Zehn Jahre nach dem unterhaltsamen Abend beim
König, der 1864 verstorben war, konnte einen halben
Kilometer entfernt, im Palais Holnstein an der damaligen Münchner Promenadegasse niemand lachen. Dort,
im erzbischöflichen Ordinariat zu München und Frei-
sing, saß im Frühjahr 1871 die hohe Geistlichkeit über
der soeben veröffentlichten Kobell'schen Erzählung und
war außer sich. Der liberal gestimmte Erzbischof Ritter
Gregor von Scherr, ehemals Abt des niederbayerischen
Benediktinerklosters Metten und von Maximilian II.
Joseph in den Adelsstand erhoben, konnte sein erzkon-
servatives und ultramontan-vatikanhöriges Domkapitel
nicht beruhigen. Ausgerechnet in der ziemlich kirchen-
fernen, humoristisch-satirischen Wochenzeitschrift „Flie-
gende Blätter", Nummer 1363, war das Manuskript des
Mineralogie-Professors unter dem Titel „Die Gschicht
von Brandner Kasper" abgedruckt worden. Den Stoff
dazu hatte der Freizeit-Volkskundler Kobell, der auch ein
erfolgreicher Mundartdichter war, aufwendig in Klein-

arbeit droben im Oberland zwischen Schliersee und Tegernsee bei den Eingeborenen gesammelt. In derbem Tegernseer Dialekt schrieb Kobell die Geschichte nieder und sein Freund, der Graf Pocci, illustrierte sie liebevoll.

Der hohe geistliche Stand in München empfand das alles als gotteslästerlich, weil Franz von Kobell aus dem nach katholischer Lesart auf ewig grausamen Drama um Sterben und Tod eine recht spaßige Schmonzette gedrechselt hatte. Im „Brandner Kasper" treten Vertreter des göttlichen Aufsichtsrats und seines himmlischen Vorstands samt subalternem Personal nicht gerade ehrfurchtsgebietend, geschweige denn ätherisch auf. Aus dem „Portner", dem Himmelspförtner Petrus, und dem Tod macht Kobell Karikaturen, gestaltet sie aber trotz aller Lächerlichkeit liebevoll aus. Petrus erscheint andauernd mürrisch, weil er der kleinmütige Kontorist des Elysiums ist. Und vor seinem Handlanger muss sich niemand fürchten. Vielmehr bangt man schon um diesen Tollpatsch, wenn er nur die Sense in die Knochenhand nimmt.

Der Ritter von Kobell hat rund um das Sterben und den Tod in kräftigen Farben ein Sittengemälde entstehen lassen. Dargestellt ist der altbaierische Stamm, vertreten durch den sehr eigenen Menschenschlag des Oberlandes. Kobell mengt das notorische Aufbegehren gegen die Obrigkeit mit hinein, ebenso die unstillbare Lust am Lästern, Nachmaulen und Herumgschafteln. Die hier allzeit gepflegten barocken Sinnesfreuden verwendet er zum Drechseln des schönen Erzählrahmens. Es fehlt auch nicht das verstockte Granteln und fortwährende Hadern. Denn selbst der Herrgott muss einsehen, dass er es einem altbaierischen Menschen schwerlich recht machen kann. Das nach dem Tod versprochene Paradies kann nie so schön sein wie das diesseitige Sein mit all den prallen Freuden und anarchischen Freiheiten in der Bilderbuchlandschaft zwischen Schliersee und Tegernsee. Dieser Kobell'sche Bayer hat daher überhaupt kein Verständnis für die morbide Todessehnsucht des bajuwarischen Brudervolkes drüben in der Alpenrepublik. Er kann rein gar nichts anfangen mit dieser österreichischen Mischung aus Depression und Zynismus, wie sie vornehmlich dem Wiener eigen ist, wenn dieser in lustvoller Selbstkasteiung zwischen Heurigem und Zentralfriedhof, zwischen Diesseitigem und Jenseitigem ermattend hin und her schwankt.

Demgegenüber steht die Figur des Brandner Kasper, eines alt gewordenen Büchsenmachers, dem Frau und Tochter schon vorausgegangen sind. Nun ist es auch Zeit für ihn. Kobell lässt einen sehr schüchternen Tod zaghaft anklopfen und dann ungelenk in sein Unglück stolpern. Als der alte Mann begreift, dass sein letztes Stündlein gekommen ist, will er die schöne Welt des Oberlandes selbstverständlich nicht verlassen. Der Brandner zettelt zuerst einmal eine Pfundsgaudi an: Schafkopf und Kirschgeist gehen schneller zusammen, als dem Gevatter lieb ist. Dem hinterlistigen Büchsenmacher gelingt es schließlich, sich beim betrügerisch geführten Kartenspiel in Kombination mit Hochprozentigem ums schon fix terminierte Ableben herumzumogeln. So bekommt der Tod als himmlische Schicksalsmacht all die Wucht der Schlitzohrigkeit und Dickköpfigkeit des geschilderten altbaierischen Wesens zu spüren und macht dabei keine gute Figur. Seinem Vorgesetzten Petrus ergeht es zum Entsetzen der aufgebrachten Münchner Geistlichkeit nicht anders. Und dann bekommt auch noch der Erzengel Michael sein Fett weg. Denn ihm obliegt unter Einhaltung eines strengen Zeitplans die Oberaufsicht über die ordnungsgemäße Seelen-Eskorte des Brandners ins Jenseitige und er soll danach, wie bei jeder armen Seele, dem Himmelsvater über Taten und Untaten des Büchsenmachers Bericht erstatten. Aber der Kasper kommt halt nicht. Wegen Versagens in dieser Sache entzieht die immerwährende Trinität dem Anführer der himmlischen Heerscharen, der doch zur göttlichen Chefpartie gehört, vorübergehend ein bedeutendes Privileg: das Starkbiertrinken und Kartenspielen während der Fastenzeit. Das trifft den Viertmächtigsten unter den sieben Erzengeln arg und veranlasste das Münchner Domkapitel zu einem weiteren Aufschrei. Denn Franz von Kobell lässt den wehrhaften Oberengel, der bis heute Schutzpatron Deutschlands ist, als einen armseligen Winsler erscheinen, weil die verhängte vierzigtägige Abstinenz (gemessen an der vierzig Tage währenden Fastenzeit Jesu in der Wüste) von den himmlischen Extra-Freuden doch so schmerzlich ist.

Dabei war der Oberbayer Kobell in der Vergangenheit geradezu fürsorglich mit katholisch geheiligten Begriffen umgegangen. Zum Beispiel mit der Ewigkeit, über die er ein anrührendes Gedicht in Tegernseer Mundart schrieb, just zu dem Zeitpunkt, als er mit dem wanderlustigen und jagdbegeisterten Maximilian II. Joseph zwischen Tegernsee und Schliersee unterwegs war und

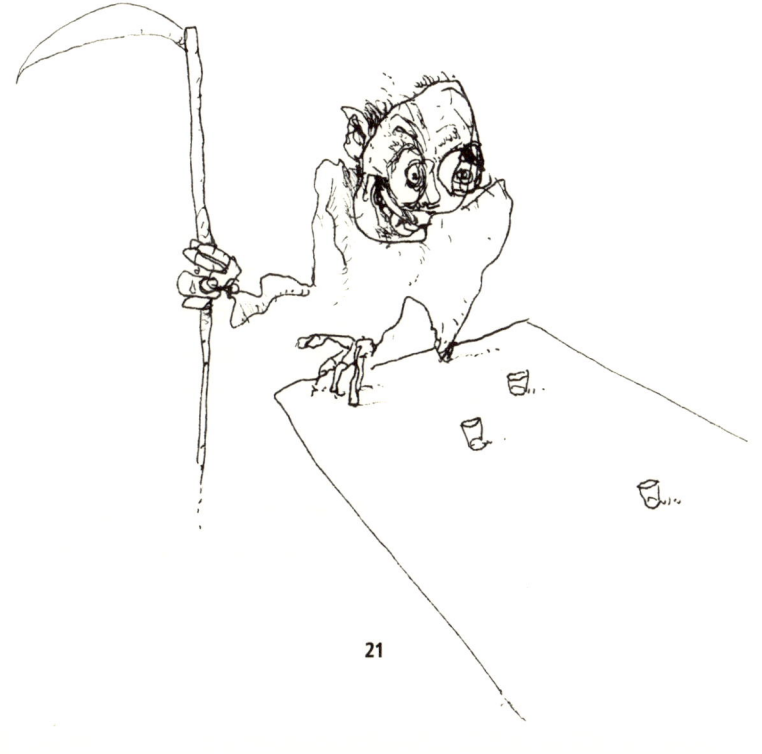

gewiss schon sein Stück über den Brandner im Kopf hatte. Er überschrieb seine Verserl mit „An Aufklärung":

In Himmi, hoaßt's, is die größti Freud,
Und dauert in alli Ewigkeit, –
Wegn meiner, is recht, aber denk' i' halt dro',
Daß i müaßt' vo' Weib und Kinder davo',
Schaugts, die so viel brav, und wie gern als i's ho',
Herr Lehra, da kaam mi' die Freud' hart o'.
Schau, sagt der Herr Lehra, du sichst halt nit weit,
Und hast koan' Bigriff von der Ewigkeit,
Du muaßt aber denka, daß dortn auf's Haar
A' Minutn dees is, was do hundert Jahr!
Jetzt werd's dir wohl ei'geh', was d' da damit g'winnst,
Denn bis d' di' da drob'n a bisl bsinnst,
So san ja scho' 's Wei' und d' Kinder aa' da,
Und geht dir zu deiner Freud nix mehr o',
Und ebbr' a' Minutn alloa' dort steh',
Auf dees werds dir wohl nit zammageh',
Denn mit sammt deiner Lieb' hockst dengerscht herunt
Bei'n Wirth oft alloani' gar manch eni Stund.

Je lauter die erzbischöfliche Geistlichkeit wegen des Schmonzetterls herumzeterte, umso beliebter wurde das Werk über den hinterkünftigen Tegernseer im Volk. Obendrein gefiel der Leserschaft, dass der Brandner, der bei einer Vorbesichtigung im Himmel Frau und Tochter wiedertrifft und letzlich doch dem Tod folgt, von Kobell ein weiß-blaues Paradies eingerichtet bekommt, wie es schöner nicht sein kann. Aus dem Stoff wurde später das Theaterstück „Der Brandner Kaspar und das ewig' Leben". Für den unsterblichen Ruhm sorgte aber der Regisseur Kurt Wilhelm. Der Ur-Ur-Großneffe Kobells hat das Gaudium erstmals 1975 am Münchner Residenztheater aufgeführt. Das Stück zählt bis heute zu den meistinszenierten Stoffen auf deutschsprachigen Bühnen und wird bis hinauf in den deutschen Norden – unter Verzicht auf Untertitel – recht gern gespielt. 2006 amüsierten sich sogar die Menschen an der Copacabana in Rio de Janeiro bei einer Freiluftaufführung über die Streiche des Brandner Kaspers. Die Begeisterung beim Publikum erklärte sich Wilhelm später einmal mit der für ihn sehr anschaulichen Vorstellung von Sterben, Tod und Himmel. „Das Stück vermittelt all das in unserer Zeit mit ihren Glaubensverlusten." Für viele sei das ein Trost, eine Erleichterung für die Fahrt ins Jenseits.

Ein weiterer Großer der bayerisch-saftigen Dichtkunst servierte vierzig Jahre nach Kobell erneut den Stoff um Leben und Tod. Wiederum geschah dies aus gänzlich unverkrampfter, ja respektloser Sicht auf himmlische Hierarchien und Obrigkeiten. Der in Oberammergau geborene Ludwig Thoma, Jurist wie Schriftsteller, ließ 1911 in der als Büchlein erschienenen Satire „Der Münchner

im Himmel" die Figur des Dienstmannes Alois Hingerl
entstehen. Und wie bei Kobell war alles mit der unan-
gepassten, respektlosen und mit einem guten Schuss
Anarchie versehenen Wesensart der hiesigen Menschen
unterfüttert. Auch der mit der bäuerlichen Welt Ober-
bayerns vertraute Thoma ist im Ton nicht zimperlich
und für damalige Verhältnisse sündhaft und unver-
schämt. Er hält nichts von einem weit entrückten Aufbewahrungsort der Seele nach dem Tod und verkürzt
die Distanz zwischen dem irdischen Dasein und dem
Himmel auf ein bequemes Minimum. Geht es nach Ludwig Thoma, dann liegt das Paradies höchstens eine
Trambahn-Haltestelle hinter dem Münchner Hofbräuhaus. Nicht einmal in der Geschichte über den Brandner
Kasper wurde derart derb-witzig und unterhaltsam
über das Leben nach dem Tod geschrieben – und schon
gar nicht über die Möglichkeit einer Wiederkehr aufs
oberbayerische Erdenrund.

Thoma erzählt von dem zu Lebzeiten bierseligen
und schweinshaxnsüchtigen Dienstmann Hingerl, der
bei der Verrichtung seiner Arbeit am Münchner Hauptbahnhof jäh zu Tode kommt. Da er wie bald alle Altbaiern irgendwo in seinem Inneren doch kein schlech-
ter Mensch ist, hat der Petrus für ihn ein Platzerl im
Himmel in Reserve. Im Paradies aber hält es der Dienstmann vor lauter Frohlocken und Hosianna-Singen,
züchtigem Manna-Essen und zu enger Engel-Ordnung
nicht mehr aus. Hingerl wird unausstehlich und tut

dabei das, was ein alter Münchner am besten kann: ständig herumgranteln. Keines der vergeistigten Wesen um ihn herum, allen voran der humorlose Petrus, kann dies länger ertragen und bevor der Störenfried den himmlischen Frieden gefährdet, gibt man ihm nach: In Herrgotts Namen wird er als Sendbote göttlicher Ratschläge für die königlich-bayerische Politik, namentlich für den damaligen Kultusminister Anton Ritter von Wehner, nach München hinuntergeschickt – und zwar, weil es damals wie heute als besonders dringlich erscheint, mehrmals die Woche. Einen solchen Ratschlag hatte nach Überzeugung des Lästermauls Thoma die Regierung unter dem Ministerpräsidenten mit dem schönen Namen Clemens von Podewils-Dürniz dringend nötig. Aber: Der Hingerl verfliegt sich eines schönen Tages gezielt ins geliebte Hofbräuhaus und landet an seinem Stammtisch – wo er heute noch sitzt.

Der letzte Satz in der Satire („Herr von Wehner wartet heute noch vergeblich auf die göttliche Eingebung") brachte dem gelernten Juristen Thoma übrigens eine Geldstrafe wegen Beleidigung ein. Es war bekannt, dass sich der damals noch linksliberale Ludwig Thoma als Schriftleiter des gefürchteten Münchner Satireblatts „Simplicissimus" auf den erzkonservativen Kultusminister mit beißendem Spott eingeschossen hatte. Der jüdisch geborene und später zum römisch-katholischen Glauben konvertierte Hardliner Wehner erschien ihm als ein gnadenloser Opportunist. Der rauflustige Thoma musste ergänzend zur Geldstrafe schließlich auch noch den Schlusssatz ändern – zum Glück. Denn rebellische, mit der weiß-blauen Einheitspartei dauerhaft unzufriedene Bayern zitieren nach wie vor genüsslich diese für sie weitaus passendere Version: „Und so wartet die Bayerische Regierung bis heute vergeblich auf die göttliche Eingebung." Übrigens: Justiziabel ist das bis heute nicht. Daher wird sich jedes weiß-blaue Kabinett diesen Spruch vermutlich noch im Fegefeuer anhören müssen.

Ludwig Thomas Dienstmann Alois Hingerl aber wurde ebenso unsterblich wie der Brandner Kasper. Es gibt nicht wenige Menschen, die darauf bestehen, vor Ablauf ihrer Lebensuhr entweder Kurt Wilhelms „Brandner Kasper"-Inszenierung auf einem Ton- oder Bildträger vorgeführt zu bekommen oder eben den Hingerl von Thoma. In der Bearbeitung des großen Münchner Mimen Adolf Gondrell hat der Stoff mittlerweile die Popularität des Wilhelm'schen Stücks erreicht.

Verlangt heute ein Todgeweihter solch schöne Extravaganzen, dann bleibt das oft ein unerfüllter Wunsch. Das verwundert nicht. Eine von Herzen kommende, gepflegte, geschweige denn eine der Tradition verpflichtete, gelebte Kultur ums Sterben gibt es in diesem Land – wie erwähnt – spätestens seit dem Ende des Zweiten Weltkriegs nicht mehr. Es sollte nichts mehr an das millionenfache Sterben und Morden erinnern. Doch damit endete eine 300.000 Jahre währende Tradition des Homo sapiens mit Prozeduren, die man Kult, Riten und Brauch nennt und die dem Sterbenden bis zu seinem Tod Halt durch Trost, durch Zuwendung und durch Liebe gaben. Freilich waren auch die Altvorderen vor ihrem Ende nicht frei von Angst und Schrecken, von Seelenleid und Körperschmerz. Aber all das Bedrohliche und Belastende war durch ein gut austariertes und ausgeklügeltes System von Handlungen und Diensten am sterbenden Nächsten bis zu dessen Ende – oder wenigstens für eine Weile – gebannt.

Thoma lässt seinen Dienstmann Hingerl bei der Erfüllung eines Auftrags auf dem Münchner Hauptbahnhof vom Schlag getroffen einfach tot umfallen, weil er entgegen der bajuwarischen Lebensart viel zu hastig zu Werke gegangen ist. Der schwarze Herr Gevatter taucht bei Thoma erst gar nicht auf, das Ressort „Sterben, Tod und Abgang" ist die Angelegenheit putziger Engerl, die den von den Massen an Bier und Schweinshaxn gwampert gewordenen Dienstmann keuchend und bis ans Ende ihrer Kräfte in den Himmel hieven. Von Furcht und Schrecken keine Spur, geradezu idyllisch geht es zu. Das wirklich Grausame sind für den Religionskritiker Thoma die Langeweile und der Biermangel im Himmel.

Beim Heimatdichter Kobell wiederum erscheint der Tod, wie geschildert, als schusselig-gemütlicher Geselle, der auch noch so blauäugig ist, dass er dem Schlitzohr Brandner mit dessen komischen Späßen auf den Leim geht und ganz naiv dessen Schnaps trinkt. Vor allem

aber ist der Tod ein gütiger Zeremonienmeister in gött-
lichem Auftrag, der einen ja nur abholen und freundlich
auf die andere Seite hinüberbegleiten soll, dorthin, wo
das versprochene schöne ewige Leben ist. Der Gottes-
diener tritt nicht auf als herrischer Befehlsgeber und
fürchterlicher Sensenmann. Er ist halt der Boandlkramer (ein armer Reisender, der mit Wertlosem, also mit
Knochen handelt). Über ihn lässt sich schmunzeln oder
herzlich lachen, selbst wenn das Lebenslicht gleich ver-
löscht. Das unsagbar Furchterregende am Sterben wirkt
durch ihn beinahe herzlich oder zumindest menschen-
würdig. Der Boandlkramer macht es den Menschen
leicht, das Sterben anzunehmen. Der Tod und das Nach-
her kann dann gar nicht mehr so schlimm sein.

Kobell und auch Thoma haben all das von den Alten vermittelt bekommen. Den einen hat es in jeder freien
Minute aus seiner Geburtsstadt München hinauf auf
die Höhen des Oberlandes getrieben, der andere zog
mit der Familie durch halb Bayern und ließ sich später
in Dachau nieder, stets verbunden mit dem Bauern-
stand. Vor allem Kobell war fragend und forschend
unterwegs, saß mit den Leuten am Wirtshaustisch oder
auf dem Austragsbankerl und hörte sich ihre Geschichten an. Hier war das Bild vom „hundsarmen Herrgotts-
knecht" von Generation zu Generation weitergegeben

worden. Der kam bei seiner Kundschaft eine Zeit vor
deren Ableben vorbei, um als Seelenspediteur in aller
Ruhe das Treffen zwecks Umzug ins Paradies zu verab-
reden. Bleich und ausgemergelt war er wie die vielen,
die mit ihm gingen. Und in der Kleiderkammer des
Herrn waren für ihn offenbar nur die lumpigen Fetzen
übrig geblieben. Dieser Tod also hatte Mitleid verdient.
Und zugänglich war er: Mit ihm konnte man immer
reden und seit altersher wussten die Leute, dass er sogar
zu einem ehrlichen Handel bereit war. Man musste es ja
nicht gleich derart übertreiben wie der Brandner Kasper.
Wer es geschickt genug anstellte, die nötige Über-
redungskunst aufbrachte, dabei vielleicht etwas schwin-
delte, konnte noch ein wenig Terminaufschub heraus-
schinden. Selbst bei Hugo von Hofmannsthals sehr
ernstem „Jedermann", einem Stoff aus mittelalterlichen
Mysterienspielen, der 1911 (im gleichen Jahr hatte Thoma
seinen „Münchner im Himmel" veröffentlicht) in Berlin
uraufgeführt wurde, gewährt sogar ein weitaus strenge-
rer Herr Gevatter dem hartherzigen Prasser auf dessen
inständiges Flehen hin eine Stunde, um seinen Glauben
zu finden und Gott um Errettung vor der Höllenfahrt
zu bitten.

So war der Tod seit Menschengedenken bekannt: als ein
herzensguter, den Menschen zugewandter Bote der

Götter. Nach der Christianisierung des Abendlandes tauchte die Figur des Todesboten und Seelenbegleiters als Christophorus, als „Christusträger" auf und wurde zu einem der wenigen Gesamtheiligen der katholischen, evangelischen und orthodoxen Kirche. Er blieb aber der, der er in der vorchristlichen Glaubenswelt gewesen war: der Seelenführer an der Seite der Sterbenden. Die heidnische Herkunft kann der Christusträger nicht verleugnen, denn er war zunächst der alte, zu Zeiten der Vielgötterei stets missmutige Fährmann Charon. Er brachte der altgriechischen Mythologie zufolge die Toten im Austausch gegen ein Silberstück (den sogenannten Obolus), das man den Verblichenen unter die Zunge legt, über den Fluß Styx in das Totenreich, den Hades.

So mürrisch und unfreundlich wie der Fährmann trat Christophorus trotz seines wilden Aussehens nicht in die Welt der Christenheit. Wie es die Legende will, trug der Hünenhafte mit dem bis dahin noch kürzeren Namen Offerus freundlich und demütig Menschen über einen Fluss in Kleinasien, weil es dort keine Fähre gab. Eines Tages kam merkwürdige Kundschaft: Ein Kind wollte übergesetzt werden. Und – wer kennt die Geschichte nicht – es war der kleine Jesus, der immer schwerer und schwerer wurde. Offerus schaffte es mit Ach und Krach gerade noch bis ans andere Ufer. Drüben angekommen, gab sich der Kleine mit dem Hinweis zu erkennen, dass der freundliche Mann ihn, Gottes Sohn, gerade mitsamt allen weltlichen Lasten getragen habe. Von Stund an wurde der sympathische Koloss Christophorus gerufen. Auch dieser gutmütige Riese, der die Menschen von einer Welt in die andere, vom Diesseits ins Jenseits trägt, verbreitet weder Angst noch Schrecken.

Das Lehrpersonal der katholischen Kirche hatte über die Jahrhunderte aus dem liebevollen göttlichen Dienstleister, ein grauenhaftes Monstrum gemacht, das auch noch mit dem Teufel im Bunde steht. Die Kirchenoberen betrieben die böse Herabwürdigung zunächst im ausgehenden Mittelalter und in der frühen Neuzeit, spätestens aber mit dem Auftreten Martin Luthers systematisch. Wollte sich nämlich jemand dem Ketzer und seinen Lehren zuwenden und drohte damit, als Seele der Kirche verloren zu gehen, dann hatte der Abtrünnige flugs den bösen Sensenmann und den Höllenfürsten im Doppelpack am Hals. Noch im Barock, am Vorabend der Aufklärung, inszenierte die katholische Kirche zur Abschreckung mit Pomp die schreckliche Verbindung zwischen dem grauenhaften Tod und der ewigen Verdammnis beim Satan. Nur die frommen Seelen erwartete droben im Himmel ein seliges Empfangskomitee aus Engeln, Heiligen und Pförtner Petrus. Jene aber, die im Grunde nichts weiter getan hatten, als zu zweifeln, Fragen zu stellen und eben nicht sofort nach Vorschrift zu glauben, holte der Unhold mit der Sense und lieferte sie schnurstracks beim Beelzebub ab.

Übrigens: Dass Kobell den Gevatter „Boandlkramer"
nennt, also einen, der mit Gebeinen handelt, ist ein
Hinweis auf die uralte Tradition des Knochenkults.
Dieses Motiv stammt aus vorchristlicher Zeit, als es in
den verschiedensten Kulturen rund um den Globus
noch üblich war, Teile der skelettierten Anverwandten
als Reliquie bei sich aufzubewahren, unter anderem
zum Schutz vor bösen Geistern. Wer das heute in
Deutschland tut und dabei ertappt wird, verstößt gegen die Bestattungspflicht und riskiert eine Geldbuße
von maximal 10.000 Euro.

Das allmähliche Hinübergehen zu Hause im Beisein
der Familie, der Freunde, der meist dörflichen Gemeinschaft galt noch bis zu Kobells und Thomas Zeiten sowie
noch kurz vor dem massenhaften Sterben im Ersten
Weltkrieg als Ideal. Nur arme Schlucker, die niemanden
hatten, hauchten einsam und elend im Hospital ihr
Leben aus. Über das gute Sterben hatte übrigens besag-
ter Christophorus zu wachen, heute im Hauptamt als
Zündschlüsselanhänger, Patron der Autofahrer und des
ADAC tätig.

Die Todesboten

Auf dem europäischen Kontinent wurde das unerwartete Ableben des Menschen auch noch zu Beginn der ersten industriellen Revolution Mitte des 19. Jahrhunderts als ein furchtbares Gräuel empfunden. Man war, auch angesichts einer weitaus geringeren Lebenserwartung als heute, mit aller Kraft um die Abwehr eines allzu frühen Todes aus heiterem Himmel bemüht. Das Ableben um die Dreißig, mit kleinen, hungrigen Mäulern am Rockschoß, durfte nicht sein; die Ernährer und weiterhin potenziellen Erzeuger hatten noch ein Stück zu leben, da die guten Gene in der Sippe weitergegeben und somit erhalten bleiben mussten.

Weise Vormütter und -väter hatten zu diesem Zweck, unter Nutzung des – nicht unbedingt christlichen – Volksglaubens und des Brauchtums, ein ziemlich wirksames, weil ausgeklügeltes, mehrstufiges Vorwarnsystem entwickelt. Man musste dies alles nur zu deuten wissen. Im Fall von Naturkatastrophen, Hungersnöten und Kriegen im Verbund mit seuchenartigen Krankheiten wie Pest und Cholera konnte das überlebenswichtig sein. Gottesfürchtige Menschen hatten einen Spagat hinzulegen zwischen Bibel und Kanzelwort einerseits und diesen als heidnisch geschmähten Traditionen andererseits. Gerade in Gottes freier Natur, die nach damaligem kirchenamtlichem Glaubensverständnis nicht als anbetungswürdig empfunden wurde, also kein Ziel der Gottessuche und daher sündhaft war, gab es warnende Zeichen und Bilder in Hülle und Fülle. Zu dieser Zeit war natürliche, ja wilde Umwelt als Basis für das erwähnte Frühwarnsystem reichlich vorhanden. Wer nimmt heute schon ein Wetterleuchten in natura wahr, wenn es einem die Suchmaschine aufs Smartphone holt? Anhand von Wetterlagen, Tages- und Nachtstimmungen, Farben und Färbungen, Geräuschen, Pflanzen und Tierverhalten wurde gelesen, gedeutet und bestimmt, was nur irgendwie zur Vermeidung eines vorzeitigen Ablebens herhalten konnte. Das prägte die Menschen tief und nicht wenige lassen sich auch heute noch von all dieser Symbolik leiten. Als Gewohnheitstier kann sich der Homo sapiens mit vielem gemein machen, nur auf Dauer nicht mit dem Chaos, das ihm den sicheren Blick auf den Lebensweg verbaut. Dagegen braucht der Mensch mit seinem immer noch vorhandenen Steinzeit-Wesen eben das Symbolhaftige.

Zwar streuten gerade die Kirchenoberen viel schrägen Symbolismus zur schreckhaften Disziplinierung ihrer Schäflein in den Glaubensalltag. In gleichem Maße mühten sich die Kirchen aber über die Jahrhunderte verzweifelt ab, den gläubigen Seelen in Stadt und Land die heimliche Pflege uralten, vorchristlichen Aberglaubens und Brauchtums auszutreiben. Das ist bis heute nicht gelungen. Zu vieles an Riten, Kultischem, Brauch und eben Deutungen saß unerreichbar tief in der Volksseele. Dort hatte sich alles unauslöschlich durch Erleben, Erzählen, Erziehen und Weitergeben eingeprägt, auch ohne schriftliche Aufzeichnungen, dafür bildhaft gemacht anhand einer Figur, einer Skizze oder gar einer Reliquie. Generation für Generation nahm auf, schmückte aus, dramatisierte noch mehr und pflegte Traditionen weiter.

Vieles von der heute als kindlich-lächerlich erscheinenden Symbolhaftigkeit bestimmte das Leben eines ungebildet gehaltenen bayerischen Menschen des Mittelalters und der beginnenden Neuzeit. Krankeit, Siechtum und der Tod waren allgegenwärtig, konnten nicht totgeschwiegen werden, waren Tagesgespräch – und diese Gespräche waren überlebenswichtig: Auskünfte über persönliches Befinden, so detailversessen und ekelerregend das auch beschrieben sein mochte, konnten frühe Warnungen vor drohendem Unheil sein. Auch wenn es bekanntlich so nicht sein durfte – das letzte Stündlein konnte eben unversehens und schnell schlagen. Kein Wunder also, wenn noch bis weit ins 20. Jahrhundert ein geradezu mittelalterlicher Aberglaube vorherrschte.

Freilich wurde der Kult um all die Vorahnungen, Botschaften und Signale auch maßlos übertrieben und von gewissenlosen Gesellen böswillig gegen Arglose verwendet. Wiederholt überliefert ist, dass manch einer angesichts der Inflation von Todesvorzeichen, die selbst aus simplen, alltäglichen Vorkommnissen herausgelesen wurden, den Verstand verlor. Heute würde man von Psychosen, ja von Psycho-Terror sprechen, damals trug Derartiges sakrosankte Züge. So waren zum Beispiel quer verlaufende Risse im frischgebackenen Brot in einigen Dörfern im Oberallgäu der eindeutige Hin-

weis auf einen baldigen Todesfall in der Familie. Hier taugte das kulturelle Erbe gewiss nicht dazu, im Umgang mit Sterben und Tod die erforderliche Gelassenheit zu entwickeln. Und doch bietet der Volksmund Abhilfe: „So du glaubst, so dir geschieht", lautet ein alter, weiser Ratschlag aus Mecklenburg für den verunsicherten Menschen.

In bayerischen Landen und weit darüber hinaus hat es ein eigentlich putziges Vögelchen zu erschreckend trauriger Berühmtheit gebracht. Der Steinkauz, der angeblich so grausig ruft und dabei höchstens zwanzig Zentimeter misst, ist als der große Unglücks- und Todesvogel verschrien. Für die allerschlimmsten Vorahnungen reichte es schon, wenn am von Gewitterwolken nachtschwarzen Abendhimmel sein klagender Ruf die Stille vor dem Sturm zerriss. Trotz des recht lyrisch klingenden wissenschaftlichen Ordnungsnamens „Athene noctua" war nicht zu verhindern, dass der kleine Nachträuber unschön als „Quäkerle", „Klagemutter" oder „Leichenhuhn" tituliert wurde. Vielerorts nannte man ihn schaudernd „Kommmitchen", wenn er, wie es seine Jagdeigenart ist, nachts um die Häuser flog, um im Schein der erleuchteten Fenster Insekten nachzustellen, und dabei ein „Kuwit" rief, das halt wie „komm mit" klang. Die herausgehörte Aufforderung, ihm auf den Friedhof ins finstere Totenreich zu folgen, brachte dem Eulenvogel vor allem im abergläubischen Mittelalter selbst den Tod. Der Steinkauz wurde gnadenlos gejagt und massenhaft dahingemetzelt. Ab den 1950er Jahren gab ihm in Bayern dann schließlich die Flurbereinigung den Rest, die großflächig seinen Lebens- und Wohnraum, die Ackerflur, die alten Bäume und das Totholz, schredderte und planierte.

Auch viele andere aus der heimischen Vogelschar wie Rabe, Krähe, Eichelhäher oder Elster, die mit ihrem schrillen Gekrächze vornehmlich im wabernden November-Nebel in Erscheinung treten, hatten die lebensgefährliche Last der Todesverkünder zu tragen. Vielerorts wussten es die Menschen ganz genau: „Schreit ein Rabe auf einem Hause, so musste bald einer in demselben sterben; schreit ein Rabe aber auf dem Gottesacker, so war einer lebendig begraben worden." Das gemeine Volk im Norden Deutschlands mied mit Grausen „des Pastors schwarze Tauben", wie die Dohlen genannt wurden. Der unaufgeklärte Mensch des Mittelalters entnahm deren „Geschwätzigkeit", dass der kleinste aller Rabenvögel gerade über das alsbaldige Ableben des Lauschenden referierte.

Ausgerechnet im Lebenslustmonat Mai, der Zeit des Wachsens und Werdens, des Knospens und Blühens, waren die Signale des Sterbens und des Todes unüberhörbar. Meldete sich der scheue Kuckuck, der im Grunde ja nur auf Brautschau war, in der Nähe eines Hauses unverkennbar zu Wort, dann war es bald um einen der Bewohner geschehen. Aus der Anzahl seiner Rufe konnte geschlossen werden, wie lange einer noch zu leben hat.

Ein Schaudern löst bis heute nächtliches Hundegeheul aus. Im Nordosten Deutschlands leitete man dabei aus der Kopfhaltung des Vierbeiners unterschiedliche Bedeutungen ab: Wies die Hundschnauze beim Heulen nach oben, brannte es, während die Abwärtshaltung von einem bevorstehenden Todesfall kündete.

Sogar ein Winzling aus der Welt der Insekten konnte unter unseren Vorfahren Angst und Schrecken verbreiten: Den höchstens fünf Millimeter kleinen Holzwurm, der oft massenhaft in den hölzernen Wänden und im Mobiliar genüsslich bohrte und dessen Fresstechnik sich wie regelmäßiges leises Klopfen oder Ticken anhörte, hielt man ebenfalls für einen Boten aus dem Totenreich. Man nannte ihn deshalb ehrfürchtig „Totenuhr". Das unersättliche Insekt mit dem eleganten Artennamen „Anobium punctatum" soll auch schon die bajuwarisch-römischen Vorfahren schier zu Tode erschreckt haben, wenn ein mürber, von Wurmgängen durchzogener Holzlöffel beim Suppeessen plötzlich abbrach.

Ein anderes, fast ebenso harmloses Insekt vermochte die Altvorderen genauso in helle Aufregung zu versetzen. Die auch heute noch misstrauisch beäugte Hummel soll, vor allem wenn sie unterirdisch in ihrem Erdnest summt und brummt, als Totengeist dem Sensenmann den Weg zu den Todgeweihten weisen. Von Bayern bis in den Westen Deutschlands herrschte der Aberglaube vor, Mörder- und Ganovenpack mutierten nach der Hinrichtung zu Hummeln und jagten flugs Menschen in den Tod. Der geneigten Leserschaft sei wiederum der besonders schöne Artenname, in diesem Falle „Bombus", nicht vorenthalten.

Freunde des Reitsports würden heutzutage gewiss nicht an den Tod denken, wenn der Gaul sich weigert, an einem Anwesen vorbeizugaloppieren. Bis kurz nach dem Zweiten Weltkrieg jedoch offenbarte die Bockigkeit dem Reiter, dass hier bald jemand stirbt.

Landauf, landab, von Flensburg bis Oberstdorf war noch zu dieser Zeit allgemein bekannt, dass jemand Glück hat, wenn in seiner Hand ein Maulwurf stirbt. Größtes Entsetzen löste indes ein Maulwurfshaufen direkt am Haus aus. Denn durch das Aufwerfen von Erde, zu der man ja wieder wird, war das Schicksal eines Bewohners besiegelt. Das, was sich keiner zu erklären wusste, wenn Absonderlichkeiten vor allem in der bäuerlichen Kulturlandschaft auftauchten, deutete man noch zu Zeiten der aufkommenden Naturwissenschaften in Vorzeichen eines nahenden Unheils um: Wenn etwa an Kartoffeln, Saubohnen oder Runkelrüben hellgesprenkelte oder verformte Blätter wuchsen, dann kündigte das einen Unglücks- oder Todesfall unter Angehörigen an. Weder der Hausbaum noch der Holunderstrauch im Hof durften absterben, geschweige denn unters Beil kommen. Achtsam sollte mit dem „Sempervivum" (lateinisch für „immer lebend"), der Hauswurz, umgegangen werden, der als Blitzschutz und Hexenabwehr auf den Hausdächern seinen festen Platz hatte. Blühte das rosettenbildende Dickblattgewächs rot, konnte mit einem freudigen Ereignis gerechnet werden, kamen weiße Blüten, starb bald darauf einer im Haus. Hielt gar jemand die schüt-

zende Pflanze für Unkraut und warf sie vom Dach,
schlug noch vor Jahresfrist dessen letztes Stündlein.

Aus ihren Stammlanden, unter anderem aus dem bay-
erisch-württembergischen Donauraum, hatten Schwaben viel Aberglauben mit in ihre neue Heimat auf dem
Balkan genommen. Als sogenannte Donauschwaben
waren sie neben anderen Siedlern aus europäischen
Nachbarstaaten ab dem 17. Jahrhundert von der Habs-
burger Krone nach den Türkenkriegen zur Wiederbele-
bung der Landwirtschaft im Donauraum der k. und k.
Monarchie angeworben worden. Die Umsiedler ließen
sich auch auf dem Balkan von Absonderlichkeiten in
Ackerbau und Viehwirtschaft schrecken. Einzelne, nach
der Ernte zufällig stehengebliebene Garben brachten
den Tod auf den Hof. Als Vorboten von Krankheit und
Tod galten Missbildungen an neugeborenem Vieh. Dann
etwa, wenn zum Entsetzen aller ein Kalb mit zwei Köp-
fen, ein Ferkel mit nur drei Beinen oder ein Zicklein ohne
Augen im Stroh lag. War auf dem Hof gar eine krähende
Henne zu hören, musste das Federvieh sofort geschlachtet werden, bevor der Sensenmann davon erfuhr. Bliebe
es am Leben, so glaubte man von Vorpommern bis Süd-
tirol, stürbe jemand aus der Familie, der das Tier gehörte.
Sogar Hühnereier kündeten – wenn sie nur die Größe
von Murmeln erreichten – in vielen Gegenden des bayerischen Alpenvorlandes von baldigem Unheil.

⊷ ☠ ⊶

Vor allem während und nach den großen Kriegen in
Europa gab es kaum eine Familie, in der nicht schaudernd von Vorfällen wie diesen berichtet wurde: Plötzlich blieb die Uhr stehen oder es läutete das Telefon
dreimal, viermal und niemand war dran. Ein Todeszei-
chen konnte zudem sein, wenn das Foto oder Porträt
eines Angehörigen von der Wand fiel oder der Hund auf
einmal von bis dahin nicht gekannter Unruhe aufgescheucht wurde. All das und viele Merkwürdigkeiten
mehr ereigneten sich genau in dem Moment, da sich in
Tausenden Kilometern Entfernung Angehörige inmitten von Kampfhandlungen befanden, von Vertreibung
betroffen waren oder um ihr Leben bangen mussten.
Zuweilen sollten sich solche Menetekel dann doch auf
das Bitterste bewahrheiten.

Eine Fülle von überlieferten Brauchtümern, Ritualen
und Zeremonien kannten sogar noch die Jahrgänge vor
dem letzten Weltkrieg. Allerdings waren sie es, die mit
den Traditionen rund um die Endlichkeit des Lebens
brachen und den Nachgeborenen nichts mehr über die
eingeübte Feierlichkeit des Heimgangs erzählten,
höchstens über das furchtbare Sterben in Luftschutz-
kellern, etwa beim Platzen der Phosphorbomben.

Mancherorts in Bayern hielt sich das uralte Deuten
von Merkwürdigkeiten und machte auch vor hohen
kirchlichen Festen nicht Halt. So glaubten die Menschen
im bayerischen Alpenland und in Nordtirol fest daran,
dass einer, der am Heiligen Abend beim Lichtanzünden

seinen Schatten nicht sieht, binnen eines Jahres sterben müsse. Sogar beim gemütlichen Nüsse knacken zu Weihnachten musste man im Süden Deutschlands auf der Hut sein. Denn wer als erster eine taube Nuss öffnete – dessen Tage waren gezählt. In schwäbischen Landen und in Lothringen war es der Christbaumschmuck, von dem Gefahr ausging. Wehe, wenn eine der als Zierrat verwendeten Nüsse einen schwarzen Kern hatte, dann war in der Familie bald mit einem Todesfall zu rechnen. Ebenso musste mit großer Sorgfalt auf die Zahl der Kerzen am Baum geachtet werden. Beließ man es bei einer ungeraden Kerzenzahl, war das Schicksal eines nahen Verwandten besiegelt. Sehr speziell auch dieser Aberglaube, den ausgesiedelte Schwaben in ihrer neuen Heimat Rumänien pflegten: Wer am Heiligen Abend einen Apfel teilte und auf ein Kernhaus in Kreuzform stieß, musste alsbald sterben, während ein sternförmiges Gehäuse langes Leben verhieß. In der Zeit der zwölf heiligen Tage, also während der Rauhnächte zwischen Weihnachten und Heilige Drei Könige, mussten sich die Bäuerinnen vom Waschtrog fernhalten. Wusch eine in dieser Zeit trotzdem, dann, so die Warnung, schwimme immer ein Totenhemd mit.

Wie vertraut hört sich dagegen der ruhige, regelmäßige Schlag und Klang einer Kirchenglocke an. Oder vielleicht doch nicht? Zunächst spielt das Geläut bis in unsere Gegenwart eine bedeutende Rolle, wenn die Nachricht vom Tod eines Menschen in die Welt hinausgetragen oder der letzte Weg angekündigt werden soll. So läuten noch heute in vielen katholischen und evangelischen Kirchen die Glocken freitags um 15 Uhr zum Gedenken an das Leiden und Sterben Jesu. Das entspricht sogenannten Läuteordnungen, die bei Tod und Begräbnis vor allem in Domkirchen peinlich genau einzuhalten sind. Diese Reglements zeigen allerdings auch, dass selbst im Tod die Menschen nicht gleich sind. Ein schönes Beispiel dazu liefert der St.-Paulus-Dom zu Münster, dessen Geläut über eine Reihe tiefklingender Glocken verfügt, die im Trauerfall eingesetzt werden. So kommt beim Tod des Bischofs die über 7.600 Kilo schwere Glocke mit der Bezeichnung „Kardinal" zum Einsatz. Sie klingt mit dem Ton „fis". Dem rangniederen Weihbischof wird mit der „gis"-tönenden und nur 4.990 Kilo wiegenden „Bernardus" hinterhergeläutet. Ist ein in der Hierarchie weiter unten angesiedelter Domherr dahingegangen, erklingt in „h" die Glocke „Paulus", die nicht einmal 3.000 Kilo wiegt.

Aus Glockenschlag und -klang jedoch eine Warnung vor dem Tod herauszuhören, das blieb der hohen Geistlichkeit erspart. Nicht aber dem gemeinen Kirchenvolk: In Südböhmen achteten die Menschen peinlich genau darauf, dass das Mittagsgebet nicht mit dem 12-Uhr-Glockenschlag zusammenfiel. Geschah dies nämlich, holte sich der Schwarze Gevatter alsbald einen im Dorf. Hier wie vielerorts auch, so von Mecklenburg bis hinein ins Schwäbische, wollte man gar aus dem Läuten der Kirchenglocken zum Begräbnis heraushören, was das für eine Person sein wird, die als nächstes stirbt. Ist die hellklingende kleine Glocke beim Totengeläut zu hören, wird es ein Kind oder Jugendlicher sein. Klingt es zuletzt dunkel, so ist ein Erwachsener an der Reihe.

Das Läuten selbst folgt der erwähnten Läuteordnung und die wiederum kann je nach Landstrich ganz eigen sein. So folgte in der Oberpfalz das Schlagen der Totenglocke von einem Dorf zum anderen völlig unterschiedlichen Regeln. Hier gab es einen Dreiersatz bis zu maximal je 90 Schlägen, dort einen zu je 85. Möglicherweise richtete sich die Zahl der Glockenschläge nach Bedeutung und Vermögen des Heimgegangenen zu Lebzeiten. Woanders ließ sich aus den Pausen zwischen den Schlägen sogar das Geschlecht der soeben verblichenen Person heraushören. In manchen Gegenden Deutschlands und Österreichs wurde eine Extranachricht für die ganz Wissbegierigen verbreitet: Ein eigenes Glöckchen ließ die Zahl der Lebensjahre erklingen.

Das Sterben – vom letzten Atemzug bis zur Beerdigung

Die Fülle an Zeremonien fing Familie und Verwandtschaft, Freundeskreis, Nachbarn und Gemeinde mit all
ihrer Verunsicherung, ihrem Verlustschmerz und ihrer
Trauer auf. Das bot Halt und vertrieb jegliches Trauma.
Ging es bei einem ans Sterben, lebte das soziale Umfeld
umso mehr auf. Den Altvordern war die Erstarrtheit im
Jammern, die Unfähigkeit, klar zu denken und das Not-
wendige zu tun, an Sterbebett und Totenbrett völlig
fremd. Das Weiterleben hatte Vorrang, die Sippe brauchte
eine Zukunftsperspektive. Die Endlichkeit des Daseins
war einem gewiss, die Verzweiflung darüber vertrieb der
Glaube. Leider haben mannigfaltige Einflüsse und Ent-
wicklungen den Menschen heute dazu gebracht, Angst
vor der eigenen Tiefe zu haben. Wer zum Beispiel an gar
nichts mehr glaubt, dem ist das sozial so beziehungsrei-
che Ritual des Weg- und Hinübergehens fremd geworden.

Weil aber noch bis nach dem Zweiten Weltkrieg die
soziale Kontrolle engmaschig und effektiv war, konnte
sich niemand dem Ritual entziehen. Das Sterben in allen
Lebensabschnitten war damals weder überraschend
noch eine unnatürliche Angelegenheit im Dasein eines
Menschen. Es starben Säugling, Kleinkind, Mädel und
Bursch', junge und nicht mehr ganz so junge Erwach-
sene, hochbetrauert und geborgen inmitten der Gemeinschaft. Daher stammt ja auch der Spruch, wonach Sterben und Tod zum Leben gehören.

Der unstillbare Drang, uraltes Brauchtum vom Leben
und Sterben nicht vergehen zu lassen, hat glücklicher-

weise immer wieder Volkskundler, Heimatforscher und traditionsbewusste Hobby-Ethnologen umgetrieben. Vor allem draußen auf dem Land wurde unter oftmals schwierigsten Umständen wertvolles, unwiederbringliches Material erfragt, aufgeschrieben und dem Vergessen entrissen. Da mischte auch der besagte Franz von Kobell mit, dem ein uraltes, größtenteils mündlich weitergegebenes Märchen zu Ohren gekommen war. Es erzählt die Geschichte eines Ritters, der mutig genug ist, sein Leben bei einer zünftigen Würfelei mit dem Tod aufs Spiel zu setzen: bekanntlich das Grundmotiv für „Die Gschicht vom Brandner Kasper".

Zu diesem Schatz an Überliefertem gehören auch die vielen kleinen Geschichten und Begebenheiten, die von Generation zu Generation weitergetragen wurden. Es sind keine großartigen literarischen Inszenierungen, doch umso innigere Szenerien vom Ableben und Hinübergehen – meistens der einfachen Leute. Und immer gewürzt mit einer guten Prise hintergründigem Humor.

Aus dem nordwestlichen Bayerischen Wald, hin zur Oberpfalz stammen hierzu anrührende Texte – Miniaturen –, die der niederbayerische Volkskundler und Pfarrer Josef Schlicht Mitte des 19. Jahrhunderts aufgeschrieben hat. Schlicht war zuletzt Pfarrer in Steinach im heutigen Kreis Straubing-Bogen. Schon zu seinen

Lebzeiten verehrte man ihn: „Wie keiner kannte, liebte und schilderte er das altbaierische Bauernland", hieß es damals.

Der erzkonservative Schlicht war ein bekennender Niederbayer und als solcher ein Anhänger des Spaßig-Derben. Davon ließ er sogar in seiner letzten Stunde nicht ab und gab als letztes einem anwesenden Freund bekannt: „Bua, jetzt sand' Wagscheitl brocha" (Wagscheitl = Zuggeschirr am Pferdefuhrwerk). Aber trotz allem Schmunzelns über den entspannten Umgang mit der Endlichkeit des Lebens missfiel es dem geistlichen Volkskundler, dass die Leute im Angesicht des Gevatters da und dort durch die Pflege des Brauchtums und der Rituale stets ein Zuviel an „Heidenthum und Aber-

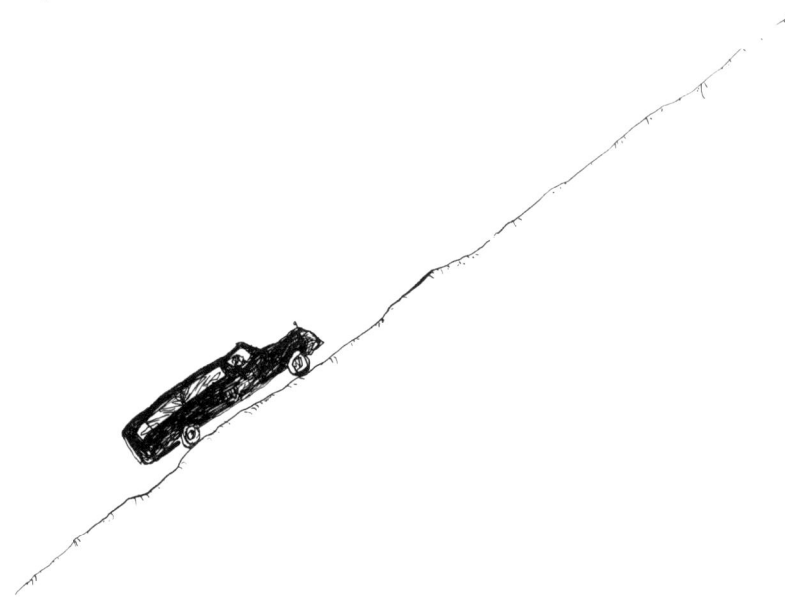

glaube" in das Katholische hineinschmuggelten. Von der Kanzel herunter geißelte er dann „all diese aus der Einfalt geborenen Hirngespinste", die einen nur vom rechten Glauben abbringen. Heute sehen gerade die Volkskundler dieses wenig christliche Brauchtum mit all seinen schönen Anhängseln als „wichtigen Brücken-schlag zwischen der säkularisierten Welt und der Welt des Glaubens".

Auch der Theologe und Brauchtumsforscher Her-mann Kirchhoff lernte nach seiner Lehrtätigkeit in Aachen 1988 als Seelsorger in Grafenwöhr die vermeint-lich abergläubischen Menschen der Oberpfalz schätzen. Wie alle, die das Ende des religiös geprägten Totenkults in der immer aufgeklärteren Gesellschaft beklagten, wollte Kirchhoff das Brauchtum gegen den „heute so portionierten, stückweisen Tod" setzen. Ihm war es ein Gräuel, dass die Klinik, die Seniorenresidenz, das Trauer-institut, die kommunale Friedhofsverwaltung und auch noch die Fachgärtnereien das Wesen des Todes sauber portioniert unter sich aufteilten.

Die vielen Traditionen und alles, was sich daraus ent-wickelt und mitunter verselbstständigt hat, also auch-der größte Aberglaube, wollen nur eines: keine Unge-wissheit und keinen Zweifel beim Sterben und beim Tod. Der Leitstern über allem war die Wahrung der Würde des Menschen. Der Umgang mit dem Sterben-den und seinem Begräbnis ist in der christlichen Lehre festgeschrieben und stellt eines der sieben Werke der

Barmherzigkeit dar. Die Menschen vergangener Zeiten hatten deshalb eine sehr genaue Vorstellung von dem, was zu tun war. Organisatorische Maßgabe war der alte christliche Weg über drei Stationen: privates Sterbehaus, Kirche, Grabstätte.

Eine Geschichte aus der Überlieferung des Pfarrers Schlicht geht sinngemäß so: Ein Bauer hatte sich zum Sterben hingelegt und nach seinem Nachbarn gerufen, der auch sein bester Freund war. Er solle ihm aus dem Gebetbuch vorlesen. Kurz darauf schickte der vermeintlich Sterbende den Freund wieder weg mit den Worten: „Sepp, lass' bleim. I glaub, der Herrgott hat mi überbladld." („Josef, lass es bleiben. Ich glaube, Gott hat mich überblättert".) Anderntags aber spürte der Bauer erneut sein Ende nahen, rief wieder nach dem Nachbarn und trieb ihn mit letzter Kraft an: „Sepp, ejtz geht's dahi. Ejtz les' zua, wosd' konnst!" („Josef, jetzt geht es dahin. Jetzt lese so schnell Du kannst!") Dem Gottesmann Schlicht gefiel freilich das überzeugende Bekenntnis eines einfachen Menschen vom Land zum Sterben auf katholische Art.

Anscheinend hatte sich der Bauer sehr sorgfältig auf den Tod vorbereitet. Nach dem Pfarrer war nämlich auch schon geschickt worden. Der kündigte den Versehgang an (= Spende der Sakramente Krankensalbung, Buße und Kommunion), wenn es soweit wäre.

Zur Verblüffung der Familie und der nächsten Anverwandten erhob sich der Bauer auf einmal von seinem Sterbebett und ließ alle wissen: „A neiche Hosn brauch' i no!" („Eine neue Hose brauche ich noch!") Verwundert wandten die Umstehenden ein, dass es doch nicht nötig sei, mit einer neuen Hose in die Truhe (= frühere Bezeichnung für den Sarg) zu steigen. Dem hielt er empört entgegen: „Ja, was werdn denn d'Leit sogn, wenn i mit meiner gflicktn Hosn aufstehn tua!?" („Ja, was werden denn die Leute sagen, wenn ich mit einer geflickten Hose auferstehe !?")

Im Sinne des Volkskundlers Schlicht und gemäß des Brauchtums soll nun die Geschichte des niederbayerischen Bauern, dem der Nachbar gar nicht schnell genug aus dem Katechismus vorlesen konnte, weitererzählt werden. Die Szenerie, die hier dargestellt wird, war vor nicht allzu langer Zeit noch üblich, kommt aber heute so gut wie nicht mehr vor.

Unser Bauer machte sich nun also ans Sterben, nachdem ihm auf seinen Wunsch hin auch noch eine neue Hose angelegt worden war. Die Bauersfrau hatte währenddessen erneut nach dem Pfarrer schicken lassen. Es war schon spät in der Nacht und der schwere Herbstregen wollte nicht aufhören. Der Kooperator – wie früher Priester genannt wurden, die noch keine Pfarrei übernommen hatten – trieb dennoch einen Ministranten auf. Der hatte noch schnell die kleine, hellklingende Glocke der Pfarrkirche geläutet. Nun wusste die ganze Gemeinde, dass da einer am Heimgehen war. Schweren Schrittes ging es über die aufgeweichte Dorfstraße. Der Bursche trug die Altarschellen in der Rechten und leuchtete dem Gottesmann, der das Salböl für die Letzte Ölung (seit dem Zweiten Vatikanischen Konzil, das von 1962 bis 1965 stattfand, wird dieses Sakrament „Krankensalbung" genannt) und die Hostie für die letzte Kommunion sorgsam unter seinem Talar verwahrt hatte. Wo immer die beiden auf dem Weg zum Hof des Bauern vorbeikamen, knieten die Leute zum Gebet für den Sterbenden nieder, denn sie wussten, dass dies der Versehgang war, der letzte Besuch, den dieser erlebte. Einige folgten betend dem Kooperator. Man kannte den Bauern gut und außerdem war es nicht von Nachteil, mitzugehen. Noch am Sonntag vor drei Wochen hatte der Pfarrer von der Kanzel herab den Hirtenbrief des Bischofs verlesen, worin stand, dass bei Begleitung eines Versehgangs ein Ablass der Sünden für einen Monat erteilt werde. Deshalb war hinter dem Priester bald ein stattliches Gefolge zusammengekommen. Ängstlich achteten die Dörfler darauf, dass der Gang nicht vom Bellen eines Hundes oder vom Gackern einer Henne begleitet wurde. Auch durfte der Kooperator nicht genau vor dem Haus mit dem Vaterunser fertig sein. Und das Allerschlimmste wäre gewesen, wenn der „Scher" (der

Maulwurf) in der Stube einen Haufen aufwarf. Passierte das alles, dann fand der alsbald Verstorbene keine Ruhe und ging im Dorf um. Auch gegen diesen Aberglauben hatte der Gottesmann Schlicht mit dem Kernsatz gewettert: „Das Leben geht auch im katholischen Bayern mit dem Sterben aus."

Im Haus angekommen, staunten der Geistliche und sein Messdiener nicht schlecht, als sie den Bauern in der als Sterbezimmer hergerichteten Stube vorfanden: Das ganze Haus war voller Leute. Verwandte, Nachbarn und Freunde drängten sich da im Schein spärlichen Lichts. Und alle beteten:

Du kehrst zurück zu deinem Schöpfer,
der dich aus dem Lehm der Erde gebildet hat.
Mögen dir, wenn du dieses Leben verlässt, die heilige Maria,
die Engel und alle Heiligen begegnen.
Mögest du deinen Erlöser schauen von Angesicht zu Angesicht
und dich der Erkenntnis Gottes erfreuen in Ewigkeit. Amen.

Zur Sicherheit gab es hinterher noch ein heiliges Verslein zur Abwehr von Dämonen: „Ihr Engel des Lichts, verscheucht die Geister der Finsternis".

Damit ja kein böser Geist in die Nähe ihres sterbenden Mannes kommt, hatte die Bäuerin noch rasch Rosmarin und Zitronenscheiben aufs Fensterbrett gelegt. Still und gebannt verfolgten die Leute die wieder einmal heidnische Zeremonie. Und gerade als der Priester den Sterbenden fragen wollte, ob er ihm die Beichte abnehmen solle, hoben auf einmal die Fürbitten und die Gebete an. Der Nachbar, der aus dem Katechismus vorgelesen hatte, machte den Vorbeter. Die Versammelten setzten ein, inständig im Singsang aus grellem Sopran, sanftem Alt, aus den hellen Kinderstimmen und den dröhnenden Bässen. Dazwischen der leiernde Sprechgesang der gänzlich Unmusikalischen. Das ging fließend in die Sterbegebete über, die es in Fülle und in beträchtlicher Länge gab. Warm wurde es in der Stube, wo der Alte lag. Eng standen die Leute in Schwaden schweren Schweißgeruchs. Doch nichts störte. Das gemeinsame Beten fand ein gleiches Maß und ein jeder vergaß die Zeit.

Wie der Bauer da so vom Sterbebett mit schweren Lidern aufsah, kam ein seliges Lächeln auf sein Gesicht. Es waren alle gekommen, die er zum Abschiednehmen und für seinen Beistand um sich wünschte. Seine Kindeskinder schauten neugierig, verwundert und ein wenig verängstigt auf die derben, gefalteten Hände und auf die gelb schimmernde Nase in dem dürr gewordenen Gesicht, das immer noch lächelte. Dem uralten Brauch folgend hatte man die Jugend, vom Säugling bis zum

Burschen, hinzugeholt, auf dass ihnen bewusst werde, dass niemand allein sterben dürfe.

Aus den Reihen spitzte da und dort ein Kopf hervor, den der Bauer in diesem Leben nie mehr hätte sehen wollen, gerade jetzt nicht. Es waren Leute, die unter ihm gelitten oder ihm ein halbes Leben lang immer wieder übel mitgespielt hatten. Aber Streit und Zwietracht, Neid und Hass waren jetzt draußen vor dem Sterbehaus geblieben und würden, wenn er dahingegangen war, keine Bedeutung mehr haben.

Seltsames bewirkten die Gebete. Die Gemeinschaft rund ums Sterbebett nahm den alten Bauern auf, dass er sich sicher und wohl getragen fühlte. Der Schmerz des Abschieds war gelindert, Trost rührte mild das Herz. Das Beten, das Bitten kam in einen wiegenden Rhythmus. Jetzt, im Moment des Todes, waren sich alle nah. Mittendrin der Bauer, dem sie die Angst vor all dem bevorstehenden Ungewissen durch das Ritual genommen hatten. Immer noch lächelnd legte er vor aller Ohren die Beichte ab. Damit vollzog sich in der Gemeinschaft das christliche Sterben. Mit immer brüchiger werdender Stimme erneuerte er das Glaubensbekenntnis. Es störte niemanden, dass da bald nur noch ein verwehendes hohes Krächzen aus den Kissen drang. Als der Bauer die Heilige Kommunion und die Letzte Ölung empfing, hatte für ihn, der sich so fest eingebunden sah, alles einen Sinn und eine gute Ordnung gefunden. Trost war auf den Gesichtern um ihn herum zu sehen. „So lässt sich's gut sterben", dachte er bei sich. Eine letzte Freude erfüllte den Bauern. Denn Hab und Gut waren geordnet, das Verzeihen und das Versöhnen waren zum Ende hin getan und gelungen.

Traurig zündete der Bruder des Bauern die Sterbekerze an, die bis zur Beerdigung auf dem Kirchhof brennen musste. Die Nacht war gekommen und alle waren geblieben. In der Stube war bis auf das schwere Atmen des Alten kein Laut zu hören. Der Lichtschein fiel auf sein angespanntes Gesicht. Nun legten sie ihm das Sterbekreuz auf die Brust, das ihm in seiner Jugend als Zeichen der Firmung geschenkt worden war. Firm, bestärkt sollte er sein, denn weiter als bis hierher konnten ihm Frau, Kinder, Bruder, Familie und die anderen nicht folgen. Kaum einer in der Stube zweifelte daran, dass dieser sterbende Mensch sich soeben anschickte, den einen letzten Schritt in das Ungewisse zu machen.

Dann vollendete sich sein Leben endgültig. Dies war die zweite leichtere Geburt, die ganz im Gegensatz zu dem qualvoll schweren ersten Weg ins irdische Leben stand. Von dieser zweiten Geburt war die Versammlung im Sterbezimmer überzeugt, weil doch alle seit der Kindheit davon gehört hatten, von den Eltern und Verwandten und in der Kirche. Wer den Sterbenden so anblickte, der sah nichts von der angeblichen Grausamkeit des Vergehens und der Hoffnungslosigkeit, wonach ein Erdenwurm ja doch nur in die ewige Leere und Dunkelheit falle, in die nie endende Verdammnis, von der der

Kooperator im Beichtstuhl angesichts der vielen begangenen schweren Sünden immer drohend gesprochen hatte. In der Stube konnten sie es fühlen: Der Tod hatte sich wie der Hund, der alte treue Gesell, dem sterbenden Bauern an die Seite getan und ihn angerührt. Von einem Moment auf den anderen begann sich das Gesicht des Alten zu verändern. Es heißt ja heute noch, dass die Menschen beim Abschiednehmen und danach, kurz nachdem sie gegangen sind, ein wenig anders aussehen, mitunter etwas fremder. Der Bauer hatte den Gevatter, den Boandlkramer, den Christophorus jetzt wirklich angenommen. Solch ein Tod, da sahen sich die Leute jetzt bestätigt, hatte immer schon seinen festen Platz im Leben eines jeden, der das zuließ, der sich das wünschte. Der Singsang des Betens war plötzlich abgebrochen, nachdem sich der Alte kurz aufgebäumt hatte. Im Hinübergehen wollte er noch einmal die Hand der Frau greifen, hatte sie aber dann doch verfehlt. Er tat noch einen starken Seufzer, keuchte kurz und starb. Stille.

Für die Seele des Bauern und ihren Weg in die ewige Seligkeit wird es jetzt nach katholischer Lesart ziemlich kompliziert. Der Bauer war ja kein Heiliger, denn nur der zu Lebzeiten Heilige – und wer war das schon – kam direkten Weges ins Paradies. Die Seele des normalen, sündigen Menschen musste trotz letzter Beichte und Ölung einen mehrstufigen Läuterungsprozess durchlaufen – so wollten es die katholischen Kirchenoberen.

Sofort nach dem Tod wartet das Partikulargericht mit dem Erzengel Michael, der im Altbaierischen „Seelenwäger" genannt wird und der nachprüfen muss, ob die vollbrachten guten oder die bösen Taten überwiegen. Erst am Ende aller Zeiten, so der Kirchenlehrer Thomas von Aquin in seiner „Summa theologiae", kommt es beim Jüngsten Gericht zum „Generalurteil über das Menschengeschlecht". Es kann aber passieren, dass der „Seelenwäger" bereits nach der Einzelverhandlung das Tor zur ewigen Verdammnis aufreißt, wenn das Sündenkonto heillos überzogen ist. In den allerwenigsten Fällen steigt einer nach dieser Gerichtsverhandlung gleich in den Himmel auf. Meistens weist der Erzengel den Weg der Läuterung und der geht durchs „Purgatorium", durchs Fegefeuer, das sich die vatikanischen Chefideologen schon im 12. Jahrhundert haben einfallen lassen. Davor gab es den „Limbus", die Vorhölle, in die vor allem ungetaufte Neugeborene und unschuldig verdammte Seelen eingeliefert wurden und dort bis zur vollendeten Läuterung ausharren mussten. Beim Konzil von Lyon im Jahr 1274 wurde die Installation all dieser Seelen-Reinigungsstufen offiziell bestätigt. Später, bei zunehmend loser werdenden Sitten am Stuhle Petri, diente das Fegefeuer als Ablasshandelsobjekt und Gelddruckmaschine zur Finanzierung der aufwen-

digen Hofhaltung oder des einen oder anderen Kreuz-
zugs.

Ein ahnungsloser katholischer Mensch wie unser
Bauer kam also zur Säuberung ins Fegefeuer. Dort traf er
manch einen, der plötzlich und ohne Empfang der Ster-
besakramente gestorben war und schon lange in den rei-
nigenden Flammen saß und annähernd Höllenqualen
litt. Auch deshalb war in früheren Jahren der erwähnte
jähe Tod mit das Schlimmste, was einem Menschen passieren konnte. Zur Linderung der Pein wurden für die
Unglücklichen in den Dörfern „Allerseelen-Marterl"
aufgestellt, bemalt mit Szenen der Qualen, die je nach
Sündenstand zu erleiden waren. Die Gläubigen waren
dringend angehalten, an diesen Marterln für die armen
Seelen zu beten.

Ob der Bauer heute noch im Purgatorium hockt, wissen wir nicht, weil ja doch die Ewigkeit eine ganz andere Zeitordnung kennt.

Das öffentliche Bild von den um Hilfe bittenden Verstorbenen verbreitete sich ab dem 13. Jahrhundert im
damaligen Bayern und im nördlichen Alpenraum auf
Bildstöcken und Marterln. Da ist der Fall des Saßlhof-
Bauern aus Erlheim im heutigen Kreis Amberg-Sulz-
bach, der irgendwann Ende des 18. Jahrhunderts von
seinen scheuenden Ochsen zu Tode geschleift wurde.
Der Unglückliche kam direkt ins Fegefeuer, weil er
natürlich die „Tröstungen der Kirche", also die Sterbe-
sakramente nicht empfangen konnte. Vor dem mittler-

weile restaurierten Marterl, das den Unglückshergang genau darstellt, kann der Wanderer heute noch für den Bauern beten, auf dass sich seine Zeit im Fegefeuer verkürzen möge.

Am Hof des vom Volkskundler Schlicht beschriebenen Bauern wurden inzwischen Fenster, Tür und Tor weit geöffnet, damit die Seele Haus und Dorf verlassen konnte. Eigens für diesen Zweck sparten in Ostbayern Zimmermann und Maurer unter dem Firstbalken des Hauses das sogenannte „Seelenloch" aus. Eine ungewöhnliche Variante dieses Brauchs pflegte man in alemannisch geprägten Gegenden bis hinauf in den Schweizer Kanton Wallis. Dort wurde das „Seelenloch" entweder mit einem „Seelenschieber" oder einem „Seelenklotz" verschließbar gemacht, damit der Ahnengeist aus- und bei einer Geburt die Seele des Neuankömmlings einfliegen konnte. Also wurde je nach Anlass oder Lebensumstand der Klotz oder der Schieber munter hin und her bewegt.

Man war sich außerdem sicher, dass ein Ahnengeist zwischen dem Jenseits und dem Diesseits hin- und herwandert, etwa zum Geburts- und Sterbetag oder zu großen religiösen oder familiären Festen. Dann blieb am Tisch ein Platz frei und für den zuletzt Verstorbenen wurde eingedeckt. Man rechnete sogar mit dem

Geist des Verschiedenen, wenn Hinterbliebene in Not waren.

Weit in die Frühgeschichte der Menschheit reicht die Vorstellung zurück, wonach der für die Toten gedeckte Platz ein Glücksort für die Nachwelt sei. Dem österreichischen Volkskundler Viktor von Geramb (1884–1958) berichteten Bauernfamilien in der Steiermark, die Verstorbenen hätten aus Dankbarkeit die von ihnen nicht verzehrten Speisen „mit der Kraft der Gesundheit und Fruchtbarkeit erfüllt." Die vermeintlichen Speisereste habe man dann als Heilmittel im Kreis der Familie gegessen. In einigen Ländern im Süden Europas hat sich dieses Ritual in Form von kompletten Mahlzeiten an den Gräbern, begleitet von Musik und Gesang, erhalten. Auch hier wurde Essen geopfert.

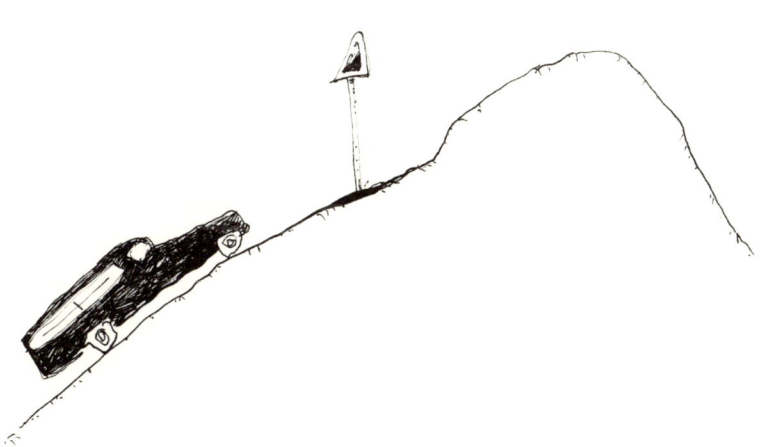

Dazu wurde den Toten noch eins aufgespielt, auf dass sie in Stimmung kommen – ganz im Sinne des Gassenhauers des Wiener Liedermachers Wolfgang Ambros. In seinem Hit „Es lebe der Zentralfriedhof" reimt er:

Es lebe der Zentralfriedhof, die Szene wirkt makaber
Die Pfarrer tanz'n mit die Hur'n, und Juden mit Araber
Heit san alle wieder lustig, heit lebt alles auf
Im Mausoleum spielt a Band, die hat an Wohnsinns-
Hammer d'rauf.

...

Es lebe der Zentralfriedhof, auf amoi mocht's an Schnoiza
Da Moser singt's Fiakerliad, und die Schrammeln spü'n
(spielen) an Woiza
Auf amoi is die Musi stü (still), und olle Augen glänz'n
Weil dort drü'm steht da Knochnmann und winkt mit
seiner Sens'n.

Ambros' Lied und die längst nicht immer christlichen Wurzeln solcher Gepflogenheiten wie den Festerln am Grab beäugen die Kirchenoberen bis in unsere Tage argwöhnisch, will die Kirche doch Herrin über das Geschehen von der Wiege bis zur ewigen Ruhe bleiben. Reste dieser Bräuche, in denen die Nähe von Toten gesucht und gutgeheißen wird, werden vereinzelt auch bis heute in westlichen Industrienationen bewahrt und in Variationen weiter gepflegt. An dieser Stelle sei auf einen verhältnismäßig neuen Brauch hingewiesen, dem der

Rat des University College London (UCL) bis heute nach-
geht. Von Zeit zu Zeit wohnt der bereits 1832 verstorbene
Philosoph, Jurist und Sozialreformer Jeremy Bentham
wichtigen Sitzungen des Universitäts-Rats bei – so auch
einem Treffen im Juni 2013. Sein skelettierter, mit Heu
ausgestopfter, angekleideter und mit einem Wachskopf
bestückter Leichnam hockt gut fixiert und „ohne
Stimmrecht", wie betont wird, inmitten des Gremiums
am Konferenztisch. Seine Kollegen von heute verehren
Bentham als demokratischen Geist, der für das Frauen-
stimmrecht, die Prinzipien des Rechtsstaats und die
Lockerung der Sitten eintrat. Zeitgenosse Goethe nannte
den Briten „einen höchst radikalen Narren". Sehr
britisch übrigens der Titel der offiziellen Mitteilung zur
Anwesenheit seiner sterblichen Überreste: „Jeremy
Bentham auf Überraschungsbesuch beim UCL-Coun-
cil." Pietätlosigkeit oder gar Störung der Totenruhe will
sich die Uni-Leitung nicht vorwerfen lassen. Vielmehr
werde dem Mythos die Ehre erwiesen, wonach Bentham
bis zum heutigen Tage die Geschicke der Universität
positiv beeinflusse. Zumindest in Großbritannien fühlen sich anscheinend Hochschullehrer mit der Seelen-
Wiederkehr und dem guten Geist ihrer Vorbilder fest
verbunden.

Eine solche Belebung des Totenbrauchtums, noch
dazu auf diese schräge britische Art, wäre hierzulande
aus vielen Gründen undenkbar. Dagegen stehen allein
schon pedantische Hygienevorschriften oder das strenge

deutsche Bestattungsrecht, das Ländersache ist und das es daher in 16 verschiedenen Variationen gibt.

Gerade aber ist etwas Neues, eine ungewöhnliche Dienstleistung im Entstehen begriffen – ähnlich wie die vielen Sterbe- und Totenbräuche, die vor Jahrhunderten auch einmal eine Dienstleistung waren, bevor sie ins Volkstum eingingen. Und vielleicht wird man in späteren Zeiten mit Rührung auf dieses Ritual in den Anfängen des digitalen Zeitalters zurückblicken. Es geht um die letzte Ruhe im Cyberraum.

In manchen Ländern wie zum Beispiel in den USA bezahlt der Kunde heute schon rund 500 Dollar (der Betrag kann sogar bis 10.000 Dollar steigen), um sich ein schlichtes Grab (oder ein protziges Mausoleum) im Netz schaufeln zu lassen. Verlässliche Strom- und Netzversorgung vorausgesetzt, wird die Web-Präsenz auf ewig garantiert. Die Anbieter bitten vorab um die Beantwortung wichtiger Fragen: Wer bin ich bzw. wer war ich? Wie viele Fotos, Videos oder sonstige visualisierbare Versatzstücke brauche ich, um meine einstige Existenz wirkungsstark in Szene zu setzen? Kriege ich einen schönen Soundtrack mit den schönsten Melodien meines Lebens zusammen? Welche vertraulichen Unterlagen packe ich in meinen virtuellen Gruft-Tresor und wer soll später einmal die Schlüssel dazu bekommen?

Penible Ordnung muss sein, denn ruhelose Geister, wie sie unsere Altvorderen so sehr fürchteten, schwirren heute schon massenhaft durchs Netz: Normale, im

wirklichen Leben allerdings längst verblichene Commu-
nity-Mitglieder existieren nämlich wegen nicht gelösch-
ter Profildaten in der digitalen Welt weiter. Anbieter
großer Netzwerke werden so unfreiwillig zu Betreibern
riesiger, nicht geplanter Cyber-Friedhöfe, größer als
mancher reale Großstadt-Gottesacker. In der profes-
sionell betriebenen World-Wide-Web-Gruft sollen dagegen klare Verhältnisse herrschen. Stirbt die angemeldete
Kundschaft, wird, so das Geschäftsmodell, die virtuelle
Schädelstätte feierlich freigeschaltet. Vorbei die früheren Beerdigungs-Modalitäten mit dem fest verschlosse-
nen Sarg, der frostfrei zwei Meter in die Erde gelassen
wurde, oder mit dem zu Staub Gewordenen in der
Urnenwand. Vielmehr öffnet sich jetzt das Grab für die
Besucher. Zwar hat der Verblichene nun keinen Frieden
mehr, dafür geht das Leben nach dem Tod mit einem
Klick weiter, mittels der erwähnten, vorher abgespei-
cherten Selbstdarstellung per Diashow, Urlaubs- und
Hochzeitsfilmchen oder dank der mitunter unfreiwillig
komischen Personenbeschreibungen und Lebensge-
schichten aus eigener Feder. Ergänzt wird all das mit der
Verkündung der „famous last words", den berühmten
letzten Worten, die früher höchstens von einem Goethe
(vollständiges Zitat: „Macht doch den zweiten Fenster-
laden auch auf, damit mehr Licht hereinkomme.") oder
von einer legendären Gestalt wie dem Schauspieler
James Dean überliefert waren. Es gilt als gesichert, dass
der gerade einmal 24 Jahre alt gewordene Hollywoodstar

vor der Kollision seines Porsche 550 Spyder mit einem
entgegenkommenden Auto als Letztes rief: „Der muss
anhalten. Er wird uns sehen." Dann war Dean tot. Aus
US-amerikanischen Cyber-Gräbern sind deutlich längere
Abgesänge auf das Erdenleben zu hören. Zu den Lebens-
geschichten kommen dann sehr viele letzte Worte, die
Besuchern tunlichst noch Jahrhunderte später in den
Ohren klingen sollen.

Auch Start-ups in Bayern sind schon dabei, ihre Algo-
rithmen mit dem Brauchtum zur digitalen Gruft zu
verbinden. Der Hamburger Kommunikationsberater
Rainer Schoppe, ein gebürtiger Ingolstädter, macht
sich zudem ernsthaft diese Gedanken: „Was noch im
Mittelalter die Kirche, der Kirchhof oder der Gottesacker war, nämlich Orte, an denen alle zusammen-
kamen und an den Tod erinnert wurden, könnte nun
das Internet werden." Schoppe berät unter anderem ein
Unternehmen, das seinen Markt nahe an der Ewigkeit
sieht. Es ist einer der ganz wenigen verbliebenen Hersteller, die, streng nach den Vorgaben der Liturgie, reine
Kerzen für das Ewige Licht produzieren. Auch jene
weißlich und zumeist rötlich schimmernden „Lichte" –
so der korrekte Plural – gehören zum Lieferprogramm
des Unternehmens. Gespeist wird das tunlichst auf
ewig brennende Licht mit reinem Pflanzenöl, das
Schoppes Hamburger Firma ebenfalls herstellt und das
in den unverwüstlichen Gläsern nahezu rußfrei ver-
brennt.

Besagte Lichte leuchten heute in katholischen und bisweilen auch jüdischen Gotteshäusern zur immerwährenden Erinnerung an den Herrgott oder verbreiten in schlichterer Ausführung auf Gräbern zum Gedenken an die Toten ihr kleines, stilles Licht. Ausgenommen davon ist die lutherische Glaubenswelt. Dafür hatte der Wittenberger Reformer mit besonderem Eifer gesorgt. So kennen die Protestanten kein Allerheiligstes, also den Tabernakel als Aufbewahrungsort des Leibes Christi. Das dazugehörige Ewige Licht brennt daher nur ganz selten in evangelischen Kirchen.

Der Oberbayer in hanseatischen Diensten, der sich quasi beruflich mit der Ewigkeit und dem adäquaten Licht dazu befasst, kann sich den digitalen Gottesacker als Fortsetzung des analogen Bestattungswesens aus einem weiteren, recht pragmatischen Grund gut vorstellen. Da ließe sich die immer schon vorhandene Erinnerungskultur wiederbeleben und stärken: „Jetzt, da der Mensch mobil sein muss und wieder zum Nomaden geworden ist, wo sich gleichzeitig traditionelle Familienstrukturen in nächster Umgebung auflösen, wo Verwandte, Freunde und Bekannte ums Erdenrund herum verteilt sind, schaut man bei einem Verstorbenen per Mausklick leichter und schneller vorbei als beim üblichen Gang aufs Grab." Auch in der Trauer online zu sein, soll jedoch keine bloße Nerd-Marotte sein. Für Rainer Schoppe holt den sehr modernen Menschen angesichts der digitalen Gruft auch die uralte Frage und die ebenso lang andauernde Sehnsucht nach der eigenen Unsterblichkeit ein.

Wenn sich der neue, alte Totenbrauch etablieren sollte, dann wird es für die trauernden Hinterbliebenen deutlich leichter: Per Mausklick oder Wischer auf Smartphone und Tablet ins Grab des verehrten Verstorbenen steigen und dabei beispielsweise erfahren, wo genau sich der Dahingegange in Wirklichkeit befindet – unter welcher Buche im Friedwald, auf welchem real existierenden Friedhof oder in welchem Reihengrab, das schlimmstenfalls doch wieder zu gießen ist.

Solche Fragen und Probleme haben sich bei unserem Bauern nicht gestellt. Sein Grab hat gewiss jeder gleich gefunden, weil er doch keinem aus dem Sinn gegangen war. Nach dem Tod des Bauern vor aller Augen und einer nochmaligen stillen, diesmal kurzen Andacht übernahm das Leben wieder das Regiment im Haus. Drei Tage blieb der tote Bauer noch daheim. Von jetzt erfolgte alles streng nach Protokoll. Denn jedes noch so winzige Ritual kam nun gewissenhaft und hochkonzentriert zur Anwendung. Nichts durfte dem Zufall überlassen oder durch Ungeschicklichkeit gefährdet werden. Die Familie sowie engste Verwandschaft und Freunde mussten das Zeremoniell um des Toten und ihrerselbst willen genau befolgen.

Aus dem Dorf kam die Leichenfrau, das „Seelweib", das eine Ortschaft weiter auch „Einmacherin" heißen konnte. Bestattungsinstitute waren damals noch längst nicht aufgekommen. Diese Frauen waren zugleich Heilkundige, Drogistinnen und Gesundbeterinnen, kümmerten sich also auch ums Wohlbefinden der Nachbarschaft. Das Seelweib, das typischerweise einsam am Dorfrand im Wald lebte, übernahm das Herrichten des Alten. Die Frau des Bauern hatte es in der Trauer nicht fertiggebracht, ihren Mann auszukleiden und zu waschen, wie es der Brauch war. „Nichts Unreines soll in den Himmel eingehen," sagte das Seelweib, fuhr dabei dem Toten mit dem Schwamm sanft übers Gesicht und nahm vorsichtig den, wie sie fest glaubte, „Todesschweiß" auf, den der Bauer bei seinem letzten Aufbäumen vergossen hatte. Die Wanne samt Waschwasser wie auch den Schwamm ließ sie vor dem Haus vergraben, damit der Verstorbene seine Ruhe finde.

Nackt und bloß, wie er auf die Welt gekommen war, und ohne die gewünschte neue Hose, so lag der tote Bauer jetzt unter einer Bahn Linnen in der Stube. Rings um ihn hatten sich die Weiber aus dem Kreis der Angehörigen versammelt. Es hatte sich in seiner Familie der Brauch des Totenhemd-Nähens überliefert. Andernorts lag schon in jungen Jahren das letzte Hemd bei der alltäglichen Kleidung. Nun saßen die Frauen und Mädchen beieinander und arbeiteten an dem kleidähnlichen Gewand. Es musste hinten offen und so lang sein, dass es die Füße des Toten bedeckte, denn die sollten Ruhe haben und bloß nicht anfangen zu gehen. Zu lang durfte das Hemd aber auch nicht sein. Dem Kooperator war das tags zuvor noch eingefallen, bevor er den Hof verließ: „Bei der Auferstehung soll der Bauer frei zu Gerichte gehen und nicht auf den Saum treten," trug er der Frau auf. Wegen einer solchen Unachtsamkeit dem Jüngsten Gericht entgegenzustolpern und keine gute Figur zu machen, das konnte sich nachteilig auf die Platzzuteilung im Himmel auswirken.

Dann wurden die Männer und die Kinder gerufen, denn alle mussten einen Stich an diesem letzten Hemd machen. Die Bauersfrau und das Seelweib zogen dem Toten schließlich das fertige Gewand über. „Die großn Zechan muaßt eahm no zammbindn, damit a in da Grubn bleibt und nimmer uamand geh ko !", flüsterte das Seelweib mahnend („Die großen Zehen musst Du ihm noch zusammenbinden, damit er im Grab bleibt!"). Schaudernd tat die Witwe, wie ihr geheißen. Dabei hätte sie ihren guten Mann auch als Geist noch gerne bei sich gehabt. Der aber, zur Seele gewandelt und jetzt außerhalb seines Körpers, musste zuerst einmal seinen Frieden finden. In den drei Tagen vor der Beerdigung musste er hinaus aus dem Haus und, was alle wohlgesonnenen Hinterbliebenen ihm wünschten, gleich hinauf zum Allmächtigen oder, wer wusste es, vielleicht doch noch zuerst ins reinigende Fegefeuer.

In den Zeiten ohne technische Kommunikationsmittel
verbreitete sich die Nachricht vom Tod eines Menschen
erstaunlich schnell. Selbst nach dem Aufkommen von
zeitungsähnlichen Druckwerken ab dem 17. Jahrhundert
waren Todesanzeigen eher verpönt. Solche Nachrichten
sollten ausschließlich mündlich jene erreichen, die es
erfahren sollten. Es schickte sich nicht, anonym, in un-
persönlicher gedruckter Form unterrichtet zu werden.
Die Erstinformation übernahmen die Kirchenglocken.
Verschiedene Tonlagen und Rhythmen gaben – wie
bereits erwähnt – Geschlecht und Alter bekannt. Sämtliche Einzelheiten übers Ableben brachte eine eigens
beauftragte Person unter die Leute. Es waren meistens
bedürftige Frauen, die sich mit diesen Botendiensten ein
Zubrot verdienten. Die „Leichenbitterinnen", in anderen
Gegenden „Leicheneinsagerinnen" genannt, gingen in
der näheren Umgebung des Sterbeorts von Dorf zu Dorf,
berichteten der Verwandtschaft, Freunden und Bekann-
ten des Verblichenen von dem Ereignis und luden, je
nach Verhältnis des Adressaten zum Toten, zu Totenwache, Beerdigung oder zum anschließenden Leichenschmaus ein. Fürs Überbringen der Nachricht gab es je
nach Besitzverhältnissen einen Löffel Schmalz, ein Ei,
Brot oder eine Schale voll Mehl, jedoch eher selten Geld.

Im Haus des Verstorbenen, der für den letzten Gang nun hergerichtet war, herrschte jetzt keine Ruhe mehr. Allerdings wollte es der Brauch, dass, solange man einen Leichnam in Obdach hatte, keine Wäsche gewaschen wurde. Die Furcht, der Tote würde wegen des kochenden Bottichs sonst schwitzen, sich infolgedessen unwohl fühlen und dann Nacht für Nacht umgehen, war weit verbreitet.

Auch das Totenbrett wurde bereitgehalten, zwei Meter lang, vierzig Zentimeter breit. Särge waren in vielen Regionen Mitteleuropas bis ins 19. Jahrhundert nicht üblich. Die engsten Verwandten legten den Bauern auf das Brett, für das als Unterbau in der Wohnstube Stühle, Kästen und anderes Mobiliar zusammengerückt worden waren.

Der Bauer trug sein bestes Gewand, darunter das traditionelle Totenhemd. Eine solche Art der Bekleidung war bereits ein Fortschritt. Noch Jahre zuvor wäre in dieser Gegend Ostbayerns und des Voralpenlandes der „Leichenwickler" gekommen und hätte den Toten auf dem Brett in ein festes Tuch eingebunden und eng verschnürt. Wo wenig Geld im Haus war, kam die Leiche in einen groben Leinensack, der fest zugebunden wurde. Denn keinesfalls sollte der Tote aufstehen und herumspuken.

Das weiße Sterbehemd des Bauern war weit über das Mittelalter hinaus ein starkes Symbol. Es sollte trotz Erbsünde und bei der allerletzten Beichte möglicherweise vergessener Vergehen ein Kleid der Unschuld sein. Vor dem Richtstuhl Gottes habe man, so der feste Glaube, tunlichst wie Jesus Christus zu erscheinen, nämlich in weißes Tuch gehüllt, aus dem später das letzte Hemd wurde. Keinesfalls durfte dieses Totenkleid Knöpfe aus schwer zersetzbarem Material haben, denn am Toten sollte nichts „Unverwesliches" sein. Jeglicher Schmuck wurde abgenommen und auch deshalb behalten bis heute hinterbliebene Eheleute den Ehering des Verstorbenen. Der Brauch, von „Unverweslichem" abzusehen, wäre in unseren Tagen für den Gottesacker dringend zu empfehlen: Friedhofserde hat heute schwer an kaum abbaubaren, zum Teil extrem toxischen Stoffen zu tragen, wie zum Beispiel an Chrom VI, das bei der Verbrennung aus Sarg, Kleidung und Leichnam herausoxidiert und in den Urnen zu finden ist. Gewarnt wird zudem vor Implantaten oder kompletten Kleinmaschinen wie Herzschrittmachern. Der Fortschritt in Pharmazie und Medizintechnik zeigt spätestens dann seine hässliche Seite, wenn er den Gottesacker zur Gefahrgutdeponie zum Schaden von Umwelt und vor allem von Trinkwasser gemacht hat.

Nun wurde es Zeit für die schon erwähnte dreitägige Totenwache: Zunächst versammelten sich im Haus nochmals Familie, Freunde und Nachbarn um den

Toten, dem man, wie dies in katholischen Gegenden üblich war, den Rosenkranz um die Hände gewickelt hatte. Ein solcher Totenrosenkranz war erforderlich, solange der Verstorbene „noch über der Erde stand".

Diesen Brauch befolgte auch die Anni Sigl, Bäuerin und Obstbaumveredlerin vor dem Herrn im Flecken Hilgenreith, nicht weit weg von Grafenau im Bayerischen Wald. Die Anni war eine junge Frau von gerade einmal zwanzig Jahren und frisch mit ihrem Alois verheiratet – den sie heute noch hat. Sie bezogen ein Zimmer am Hof des Schwiegervaters, der wenig später starb. Zusammen mit der Schwiegermutter musste die Anni, hochschwanger mit dem ersten Kind, die Leich herrichten. Der Verstorbene kam, angekleidet mit seinem besten, sprich einzigen Anzug auf zwei grobe Bretter, die über die Kanten seiner Bettstatt gelegt waren. Wie es Brauch war, schnürten sie um die auf dem Bauch gekreuzten Hände einen Rosenkranz, auch wenn der Schwiegervater zu Lebzeiten mit einem solchen Kranz nie etwas zu tun haben wollte. Mitten in der Nacht wurde die Anni im benachbarten Zimmer auf einmal von einem Geräusch geweckt, das wie hartes Schlagen klang. Angst und Neugierde zogen sie ins Totenzimmer. Da war doch tatsächlich ein Arm des Toten aus der Verschränkung geraten und gegen die Bettkante geschlagen. Kurzerhand band die äußerst praktisch veranlagte Anni die gefallene Hand mit dem Rosenkranz am anderen Daumen so gut fest, dass es nicht einmal der Pfarrer

beim Aussegnen gemerkt hat. „Der Rosenkranz", davon
ist die Waldlerin heute noch überzeugt, „der hoit bis in
d'Ewigkeit."

Im Schein der Totenkerze, die bis zur Beerdigung brennen musste, wurde nun unablässig gebetet. Dann kamen
von nah und fern jene, die der Einladung der „Leichen-
bitterin" gefolgt waren. Alle hatten durch ihre Anwesenheit, durch ihr Gebet, durch ihre Gespräche über den
Toten sicherzustellen, dass die Seele auch wirklich ins
Paradies gelangen konnte. Ein gut verlaufendes Sterben, ein wohlvorbereiteter Tod allein genügten nicht.
Fürbitten, im weiteren Verlauf Ablässe und Messen,
waren unabdingbar. Nur so konnte die Angst vor dem
Unheil bringenden Toten gebannt werden. Gott, den
Sohn und die Gottesmutter um Gnade und Erbarmen
für den Verstorbenen zu bitten, sollte den bösen Geist
vertreiben, der in den Toten gefahren sein könnte. Hinter solchen Attacken steckte natürlich wieder einmal
der Leibhaftige. Durch die Fürbitten verkürzte sich der
Verbleib der Toten im Fegefeuer. Man war sich sicher,
dass die verstorbene Person aus Dankbarkeit im Gegen-
zug als Helfer in Notlagen einspringen würde.

Beim Beten am Totenbrett in der Stube ging es
beklemmend eng zu. Stickig und modrig die Luft, draußen ein kalter Frühherbst-Abend, drinnen war es viel zu

warm. Und immer wieder prüfende Blicke auf den Toten. Ob es wohl bei diesem Frieden im fahlen Schein der Sterbekerze bleibt? Schon seit Stunden wurde gebetet: Fürbitten, viele Vaterunser und noch mehr „Gegrüßet seist du, Maria".

Totenwachen an den folgenden beiden Tagen standen noch an. Eine Gebetspause wurde eingelegt. Die Bäuerin brachte Brot und Surfleisch, der Knecht Bier und Branntwein. Ein Schmausen und Trinken hub an und fast jeder wusste etwas über den Verstorbenen zu erzählen. Es reihten sich Geschichten an Geschichten, Ernstes an Lustiges. Gelächter erfüllte das ganze Haus, dann wieder angespanntes Lauschen: Die grausige Legende vom „Aufhocker" – von dem später noch die Rede sein wird – ließ die Versammelten erschaudern. Mit einem Mal rückten Leichtgläubige und Ängstliche vom Totenbrett ab.

Im Lauf der Zeit wurden die Gebetspausen bei der häuslichen Totenwache immer länger, die Stimmung immer ausgelassener und auch Bier, Wein und Schnaps flossen in immer größeren Mengen. Nahezu überall in deutschen Landen, vor allem in den stadtfernen Regionen, entsprach man damit der Überlieferung, wonach der Tote Anspruch auf Unterhaltung habe. Die kirchlichen Instanzen beäugten die Wacht am Toten allerdings mit zunehmendem Argwohn. Da und dort hatte sich eine für die Konfessionen fragwürdige Mischung aus Beten, Schmausen, Geschichtenvortrag und sogar Tanzen herausgebildet. Es gab Orte im Süden Deutschlands, in Österreich und der Schweiz, wo der Brauch des ausgelassenen Feierns mit Tanz um aufgebahrte Tote, sogar um Kinderleichen, durchaus üblich war. Trotz des Schmerzes herrschte Freude darüber, dass der Herrgott die Kleinen nicht allzu lange in der Vorhölle belassen würde, da sie eine Sünde noch nicht hätten begehen können.

Vor allem im Süden Deutschlands häuften sich Berichte über „das orgiastische Treiben in Gegenwart des Ahnen mit Kartenspiel und frivolen Liedern", so eine Meldung aus der Lindauer Gegend. Anscheinend hatten Trauergesellschaften mit den Folgen überlanger Gebetspausen zu kämpfen. Aus der Nordeifel ist diese Mahnung überliefert: „Auch und geradewegs all die, denen im Übermuthe das Aufsitzen auf der Todtenbahre zum Spiele wirdt, holt der Todte nach." Auch verbreitete sich mancherorts die Unsitte, dass Kinder ins Sterbehaus kamen und nur deshalb bei der Leiche ein Gebet sprachen, weil sie anschließend auf ein kleines Geldgeschenk spekulierten. So konnte es passieren, dass, wie aus dem bayerischen Allgäu berichtet wurde, bis zu hundert kleine Schnorrer die Familien belästigten. Von stiller Trauer konnte also längst nicht mehr die Rede sein.

Besonders schlimm muss es auf österreichischer Seite im benachbarten Vorarlberg zugegangen sein. Dort zog Mitte des 19. Jahrhunderts die Obrigkeit die Notbremse. In Absprache mit den kirchlichen Stellen im Land erließen die dortigen Landgerichte eine folgenreiche Verordnung: „Das Beten am Abend im Sterbehaus wird wegen Missbrauchs und etwaiger Ansteckungsgefahr abgeschafft und in die Kirche oder eine nahe Kapelle verlegt." Nur noch Familienmitglieder durften zu Hause beim Toten beten. Die Nachtwache wurde auf maximal vier Personen beschränkt. Priester und die Gendarmerie hatten über die Einhaltung all dessen an Ort und Stelle zu wachen. Dem archaischen Brauch der Totenwache war damit ein Ende gesetzt. Die Regelung, in der Zeit vor der Beerdigung abends in der Kirche einen Psalter oder einen Rosenkranz zu beten, verbreitete sich in nahezu allen katholischen Gegenden des deutschsprachigen Raums.

Unser Bauer allerdings war von einer gesitteten Gemeinschaft umgeben. Am Morgen nach der dreitägigen Totenwache – die Leiche hatte auf die Dauer und in der Wärme der Stube etwas gelitten – wurde seine sterbliche Hülle auf dem Totenbrett für die anschließende Beerdigung noch einmal hergerichtet. Ein letztes Mal kamen alle und gaben dem Toten die Hand, mit der

Bitte um Verzeihung für all das Missliche, was sie glaubten ihm angetan zu haben und – jetzt in diesem Moment, der zu allertiefster Reue Anlass gab – was sie ihm vielleicht noch angetan hätten. Mit dem Abschiednehmen fingen die Kleinsten an. Die Familie und die Verwandtschaft trugen nun Schwarz und Grau, ohne jeden Schmuck. Insbesondere die Frauen und Mädchen

würden nun ein ganzes Jahr so gekleidet sein. Vor allem für die Witwe des Bauern war damit eine Frist gesetzt, innerhalb derer sie sich nicht wieder verheiraten durfte. Nach dem Bürgerlichen Gesetzbuch der Vorkriegszeit galt diese Frist für zehn Monate. War die Witwe nachweisbar vom verstorbenen Ehemann schwanger, gab es Ausnahmen von der Regel, da ein Kind tunlichst ehelich und nicht ohne Vater aufwachsen sollte. Die Trauerzeit war jedenfalls eine Art befristeter Schutzbereich, innerhalb dessen die betroffene Person nach einer Zeit großer Belastung wieder zu sich kommen und das Leben neu planen konnte. Die Bäuerin konnte allerdings sicher sein, dass ab jetzt alle Augen auf sie und auf alles, was sie unternahm oder was sie sein ließ, gerichtet waren. Eine solch intensive Sozialkontrolle gibt es heute vor allem in Stadtbereichen längst nicht mehr.

Männer im Freundes- und Bekanntenkreis hatten als Zeichen der Trauer schwarze Armbinden angelegt. Dies ist heutzutage vielleicht noch in Sportstadien üblich, wenn Mitspieler und bedeutende Köpfe eines Landes verstorben oder Opfer von Anschlägen oder Katastrophen zu beklagen sind. Im heutigen Straßenbild West- und Nordeuropas sind solche Zeichen nicht mehr zu sehen. Oder man muss bei den Menschen genau hinschauen, um als Weiterentwicklung des Brauchtums die neuerdings übliche, aber sehr kleine „Trauernadel" zu entdecken, die laut Hersteller auch dem „trauernahen" Personal wie Pflegern und Ärzten gut zu Gesicht stehen soll.

Wie es Brauch war, nahmen jetzt sechs Männer, die allesamt aus der nächsten Verwandtschaft stammen mussten, das Totenbrett mit dem Bauern auf. Über die Leiche war für den Transport zum Grab noch ein weißes Tuch aus schwerem Linnen gebreitet worden. Zuvor hatte die Bäuerin vom Platz, wo der Bauer lag, bis zur Haustüre Asche aus dem Ofen gestreut, damit der Tote nicht wiederkommt. Aus dem gleichen Grund mussten die Träger den Leichnam mit seinen Füßen voran aus dem Haus schaffen. Die stete Urangst vor der Wiederkehr aus dem Totenreich trieb die Menschen um.

Die besonders Geschwätzigen im Trauerzug raunten sich währenddessen die Geschichte von einem Selbstmörder im Nachbardorf zu. Dessen Leiche sei, bevor man sie – wie es üblich war – außerhalb des Gottesackers ohne den priesterlichen Segen unter die Erde gebracht hatte, nach einem alten Ritual durch das Hausdach hinausgeschafft worden, damit der Tote bloß nicht wiederkehre. Selbst beim Verscharren des durch Suizid Umgekommenen ging die Dorfgemeinschaft auf Nummer sicher. Der Bedauernswerte wurde aus Furcht vor seiner Rückkehr und als Strafe für die unchristliche Tat an sich selbst mit dem Gesicht nach unten in die Grube geworfen. Mit Hexen, Zauberern und Pesttoten wurde ebenso verfahren.

Das Tragen und Begraben des Verblichenen auf einem Brett war in der Schweiz, wo es „Bahrbrett" hieß, noch bis in die Mitte des 19. Jahrhunderts gang und gäbe. Aus dem nahen Vorlarlberg, aus Dornbirn, ist dieser alte Spruch überliefert, der den Nutzen eines einfachen Brettes für die Ewigkeit preist: „Wird der Todte auf ein dürres Holz gelegt, so es wieder grünet, also dieser Todte wieder einstmals zum Leben auferstehen werde."

Der Sarg kam in Bayern erstmals mit Beginn des 18. Jahrhunderts vor allem in den Städten auf und sollte sogleich den Unterschied zwischen Arm und Reich kenntlich machen. Nur kurze Zeit blieb diese letzte hölzerne Unterkunft naturbelassen und hatte einfache Hanfseilschlaufen zum Tragen. Bald war mattes Schwarz mit einem weißen Kreuz auf dem Deckel und mit schweren Metallbeschlägen in Mode, bis der Edelsarg in Gold und Silber auftauchte, um den hohen Stand protzig auszuweisen. Im Gäu der Allemannen, vom Allgäu übers Badische und über Vorarlberg bis weit in die calvinistische Schweiz hinein, wurde alsbald amtlicherseits gegen Leichenbegängnisse mit zu viel Aufwand und Prunk vorgegangen. In einigen Orten durften keine Särge aus teurem Eichenholz mehr verwendet werden. Die kommunalen Behörden legten sogar einen Höchstpreis für Särge fest. Im Tod sollten eben alle gleich sein: Der letzte Weg sei schnörkellos, das letzte Hemd ohne Taschen und die letzte Bettstatt arm wie die Seele zu sein. In Niederbayern bis in den Chiemgau hat der Volksmund mit der beginnenden Sargmode ein Sprücherl kreiert, das da und dort heute noch Verwendung findet, wenn jemand verstorben ist: „Den hod's vom Stangerl g'haut." Zu dieser Zeit stellte man den Sarg während der Beerdigungszeremonie über das offene Grab. Erst danach wurde der Sarg an unterhalb durchgezogenen Stricken in die Grube gelassen. Da konnte es schon passieren, dass ungeschickten Totengräbern die letzte Behausung auskam.

Inzwischen hatte sich ein langer Trauerzug, der auch den hohen Stand des reichen Bauern im Dorf anzeigte, unter dem Geläut der Glocken eingefunden. Der Zug, in bayerischen Landen oft nur „Leich" genannt, folgte fein säuberlich einer sozialen Rangordnung. Und ganz gewiss konnten an der Länge eines solchen Zugs Stand und Ansehen des Toten in der Dorfgemeinschaft abgelesen werden.

Vorneweg ging der Vorbeter, ein untadeliger Mann, den das Dorf auf Lebenszeit für das Ehrenamt bestimmt hatte. Stimmkräftig musste er sein und kenntnisreich, da doch so viele unterschiedliche Gebete vorzutragen waren. Der Weg des Zugs konnte an Wegkreuzen, Marterln, Lieblingsplätzen des Verstorbenen und an Feldkapellen vorbeiführen. Jedes Mal wurde dann das Totenbrett mit dem Verstorbenen abgesetzt. Das „Totenrasten" war Pflicht. Schnell jemanden unter die Erde zu bringen, war nur in Zeiten der Pest angesagt.

Nun war die Kirche erreicht. Die sechs Männer mit dem toten Bauern auf den Schultern befanden sich jetzt auf dem Weg zum Kirchhof, der wegen seiner unmittelbaren Nähe zum Gotteshaus noch nicht Friedhof hieß. Kirchhöfe hatten ihren Platz mitten in den Städten und Dörfern, denn sie waren ein bedeutender Teil der Kirchenanlage. Das Christentum hatte die Toten bekanntlich in das Zentrum der Städte geholt. Der Glaube ließ es erstrebenswert erscheinen, nahe der Reliquien der Heiligen und Märtyrer bestattet zu werden. In der vorchristlichen Welt, in Europa wie in Asien, waren Nekropolen (altgriechisch für Totenstadt) und Gräberfelder außerhalb von Siedlungen quasi Gesetz, auch aus Furcht vor Seuchen. Spätestens ab dem frühen Mittelalter wurde kein braver Christenmensch außerhalb des Gottesackers und der Gesellschaft beerdigt. Nur Andersgläubige, verurteilte Halunken und Selbstmörder fanden jenseits des Burgfriedens eine unrühmliche letzte Ruhe.

Der Tod gehörte spätestens mit dem Entstehen der Städte mitten ins Leben. Das änderte sich mit Beginn des 14. Jahrhunderts, als in immer schnellerer Folge Naturkatastrophen, Kriege, Hungersnöte und die Pest übers Land zogen. Bald herrschte akuter Platzmangel auf den Kirchhöfen. Die Lösung waren sogenannte Ossarien (lateinisch für Beinhäuser). Übriggebliebenes robustes Totengebein, meist Schädel, Oberschenkel- und Oberarmknochen wurden respektvoll geborgen und im separaten, an die Kirche angebauten Beinhaus sorgsam und ordentlich aufbewahrt. Es war Ritual, die menschlichen Überreste vor der Einlagerung nicht nur zu reinigen, sondern mehrere Wochen lang zur Bleiche dem Sonnen- und dem spiritualisierenden Mondlicht auszusetzen. Das Gebein sollte elfenbeinfarben sein, somit ein edles Aussehen haben. Man wollte dem Schöpfer blitzsauber und fein entgegentreten.

Bei so viel Weltlichkeit musste im Beinhaus auch der Glaube zu seinem Recht kommen: Die körperliche Wiedergeburt am Tag des Jüngsten Gerichts galt als weitgehend gesichert, da sich der Gläubige bei der Auferstehung im Schutz der Kirche befand – und auch räumlich gesehen dank des Platzvorteils ziemlich weit vorne am Richtertisch mit dabei war.

Der Bau der Ossarien folgte ganz bestimmten Regeln: Bis zum Ende des 13. Jahrhunderts hatte das Knochenlager auf der Kirchennordseite zu stehen, denn dem Nördlichen wurde die Nacht und damit der Tod zugeordnet. Später ließen die Kirchenoberen – „theologisch umorientiert" – den Beinhausbau an die Südseite verlegen, dorthin, wo fortan neben der Sonne und dem Leben die Auferstehung ihren Platz gefunden hatte. Hinterbliebene hatten in den vor allem in der Barockzeit prunkvoll ausgestatteten Beinhäusern immer noch Gelegenheit, ihrer Verstorbenen zu gedenken und allmählich Abschied von der Trauer zu nehmen – nicht ohne vorher beim Betreten der gesegneten Stätte durch eine Inschrift wie „Was ihr seid, das waren wir – was wir sind, das werdet ihr" an die eigene Vergänglichkeit erinnert zu werden. Die Gebeine der Ihren zu finden, konnte für die Angehörigen allerdings zum Problem werden, wenn der Totengräber schlampig geabeitet und ein Knochen-Wirrwarr hinterlassen hatte. Vornehmlich in Ossarien des Alpenraums ließ man deshalb die Schädel kunstvoll bemalen und beschriften.

Die praktische Seite: Wenn Ordnung im Beinhaus herrschte, konnte man zum Beispiel auf fünfzig Quadratmetern Innenfläche bei einer Stapelhöhe von 1,50 Metern das Gebein von gut 3.000 Toten unterbringen. Die Zeit der Aufklärung mit der angestrebten Trennung von Kirche und Staat bedeutete auch das Ende der Verbindung zwischen Gotteshaus und Gottesacker. Friedhöfe durften auch außerhalb des Kirchengeländes angelegt werden. Auf einmal hatten die Toten Platz wie nie zuvor. Tod und Trauer waren nun ausgelagert.

Am offenen Grab auf dem Kirchhof wurde nach dem Platzieren des Leichnams nicht viel gesprochen. Das Reden war Sache der Priesterschaft. Und der Geistliche wusste selbstverständlich nur Gutes über den Verstorbenen zu berichten. Niemand sonst ergriff das Wort.

Traueransprachen, wie sie heute schon von professionellen Miet-Rednern gehalten werden, blieben dem Adel und dem geistlichen Stand vorbehalten. Viel wichtiger war jetzt, weiterhin auf die genaue Einhaltung des Rituals zu achten. Die Träger ließen den Leichnam nun vom Brett ins geschaufelte Grab rutschen. In vielen Gegenden Süddeutschlands und Österreichs ist heute noch vom „Brettlrutschn" die Rede, wenn jemand von Sterben, Tod und Begräbnis spricht.

Gräber waren damals auch Stätten eines Totenkults mit heidnischen Wurzeln, die im Verlauf der Christianisierung von den Trägern des neuen Glaubens nicht gleich gekappt, sondern geschickterweise in römisch-katholischer Erde weiter kultiviert wurden. Die vorchristliche Praxis der Grabbeigaben war da und dort noch üblich. Doch es kam stets auf den Pfarrherrn an, ob er das zuließ. Im Fall des Bauern war es so. Und so wurden Briefe, Blumen, geweihte Gegenstände, eine Münze und Dinge, die Tage zuvor mit der Leiche in Berührung gekommen waren, dem Bauern mit in die Grube gelegt.

Am Auffüllen, dem Schließen des Grabes mit der ausgehobenen Erde, hatten sich alle Angehörige zu beteiligen. So war der Bauer also zugedeckt und aus dem Blickfeld verschwunden, auf dass er nach allen Stufen der Läuterung seinen ewigen Frieden habe. Nun waren beide Seiten geschieden. Davon rührt heute noch der kleine Schaufelwurf mit Erde her, der die Trennung der Nachlebenden von den Toten endgültig macht.

In streng katholischen Gegenden mit einer stark aus-
geprägten Bestattungskultur zog sich die Verwandtschaft umgehend zurück, nachdem der Tote ins Grab
gelassen worden war. Wenn nämlich Angehörige beim
Grabzuschütten anwesend waren, starb bald einer aus
der Familie. Ein anderer Aberglaube aus dem Westen
Niedersachsens machte genaues Durchzählen der Versammelten nach Geschlecht dringend erforderlich:
„Sind bi einem Begräfnis mehr Mannslüd as Fruslüd,
denn is de neechst Dod' ne Mannsperschon" (platt-
deutsch für „Sind bei einem Begräbnis mehr Männer als
Frauen, dann ist der nächste Tote ein Mann"). Zum
Begräbnis unseres Bauern hatte die Familie bei den
mündlich ausgesprochenen Einladungen ans Grab in
weiser Voraussicht für ein ausgewogenes Geschlechter-
verhältnis gesorgt, denn auch dieser Brauch war einst in
Bayern dringend zu beachten.

Das Leben nach dem Tod

Bis ins Spätmittelalter konnte niemand – weder Kaiser, König, Edelmann, Bürger, Bauer oder Bettelmann – sicher sein, den nächsten Tag zu erleben. Aus Angst vor dem längst in Misskredit gebrachten Sensenmann, der jederzeit zuschlagen konnte, wurde den flüchtigen irdischen Freuden rauschhaft und orgiastisch gefrönt. „Carpe diem", schallte es durch Stadt und Land, „nutze den Tag", denn es konnte der letzte sein, weil das Ende der Welt, der Jüngste Tag und im schlimmsten Fall die ewige Verdammnis näher denn je schienen.

Es war auch die Zeit des Totentanzes, der in der Kombination von Bild und Schrift an die Allmacht des gewalttätigen, mit dem Teufel paktierenden Schnitters gemahnte und auch die sehr politische Botschaft von der Gleichheit der Menschen im Tode in sich trug. Es waren allemal freudlose Zeiten. Aus der vermeintlichen Gottverlassenheit des Totentanzes gab es neben dem Verdrängen durch dionysische Orgien noch eine andere Fluchtmöglichkeit: das eigene Innere. Dort sollte man Trost und Hoffnung für ein Leben nach dem Diesseits finden, verbunden mit der Erlösung in christlicher Weise, gereinigt von Sünden. Das Endziel war das versprochene Paradies. Ein freudig befolgter Wegweiser war dabei das Wort des Kirchenvaters Augustinus: „Gehe nicht nach draußen, kehre in dich selbst ein; im inneren Menschen wohnt die Wahrheit." Und dort, im Inneren, wohne auch Gott.

Dazu kam Erbauungsliteratur auf, religiöse Texte, die einen zur Wahrheit, zum Schöpfer führen sollten.

Schriften wurden verbreitet, die unter dem Sammelbegriff der „Ars moriendi", der Kunst des Sterbens in christlicher Weise, weite Verbreitung im Volk und in den Ständen bis hinauf zum deutschen Kaiser fanden. Die Ars-moriendi-Literatur als Wegweiser ins Paradies beschrieb zum Beispiel die Auseinandersetzung zwischen Gut und Böse, den Kampf zwischen Himmel und Hölle, zwischen dem Göttlichen und dem Satanischen. Dazwischen, hin- und hergerissen der arme Sünder, dessen Seele, wenn nicht direkt, dann wenigstens über den Umweg des Fegefeuers in den Himmel und tunlichst nicht in den Schlund der Hölle fahren sollte. Schauplatz dieses Schlachtgetümmels war nicht das Jüngste Gericht, sondern das Sterbebett, an dem um die Seele gerungen wurde. Auf der einen Seite stand die Fraktion der Guten mit der Muttergottes, den Aposteln, den Heiligen und den Schutzengeln. Auf der anderen Seite wartete ungeduldig geifernd das Böse, angeführt von Luzifer, den Scheinheiligen und dem schwarzen Heer schlimmster Dämonen und Plagegeister. Genau so sollte sich nach Weisung der Kirchenführung die damalige, vor Todesangst bibbernde Christenheit die Startaufstellung für die letzte Prüfung des Sterbenden vorstellen.

Die teuflische Seite versuchte, den Prüfling mit einem bösen Gemisch aus Hoffart, Verzweiflung und haltlosen Versprechungen zu überzeugen und vom Glauben abfallen zu lassen. Die himmlische Fraktion dagegen spendete Hoffnung, Vertrauen, Festigkeit im Glauben und

nicht zuletzt den Trost. Was sich bei dieser Schlacht um
die Seele über- und unterirdisch abspielte, konnten sich
auf Erden die Familie, der geistliche Beistand, die Freunde, das halbe Dorf oder in der Stadt die herbeigeeilten
Bewohner der nahen Gassen schwerlich vorstellen. An-
haltspunkte lieferten höchstens die Lektüre und die
üppige Illustration der erwähnten Erbauungsliteratur.

In jedem Fall mussten die irdischen Begleiter in der
Stunde des Todes die himmlischen Heerscharen nach
Kräften unterstützen, um das Böse zu bannen. Über die
Zeit ist dabei eine unüberschaubare Fülle an ausgefeil-
ten Regelwerken und Verhaltensweisen zusammen-
gekommen. Alles war genauestens zu beachten, strenge
Disziplin war zu halten. Denn wehe, wenn etwas fahr-
lässig missachtet oder vergessen wurde. Dann gab es
den Totentanz und danach den Höllensturz der armen
Seele in die ewige Verdammnis. Nichts durfte also beim
Sterben zu Hause im eigenen Bett schiefgehen. Die
Menschen wussten bei alledem, dass das Lebenslicht
gemeinhin langsam verlischt. Die „Ich-bin-dann-mal-
weg"-Masche, das Turbo-Sterben als ein Ideal unserer
Tage wäre höchst sündhaft gewesen. Das Sterben, so die
gewonnene Erkenntnis, brauchte seine Zeit. Es konnte
und es durfte über Stunden, ja über Tage gehen. Man
spürte zudem, dass zwischen dem biologischen und
dem endgültigen Tod eine Zeitspanne lag, in der die
Seele noch in dieser Welt war, inmitten der Lebenden,
also direkt und mitten im Sterbezimmer. Und wahr-

scheinlich hörte der noch gar nicht Heimgegangene alles mit, was so über ihn, das Erbe und dessen Verteilung gesagt oder eher spekuliert wurde.

Vorrang sollten nun Zeit, Ruhe und insbesondere penible Achtsamkeit haben: In manchen Gegenden des deutschsprachigen Alpenraums kam es auf die Füllung des Kopfkissens an, auf dem der Sterbende lag. Waren Hühnerfedern darin, fühlte sich der Tod abgewiesen. Schnell musste ein Kissen mit Strohfüllung her. Schwer beim Hinübergehen hatte es auch der, dessen Bett nicht parallel zu den Deckenbalken stand, so ist es zumindest aus Vorpommern überliefert. Zwangsläufig spaßig musste es in einigen Ecken Schwabens am Sterbebett zugehen. Dort galt der Merksatz: Bedauerst du einen auf den letzten Metern seines Lebens und hörst nicht auf zu weinen und zu klagen, dann ist der Todeskampf umso länger und schwerer.

In Niederösterreich half fürs sanfte Dahinscheiden eine geweihte, brennende Kerze, die der Sterbende in der Hand hielt. Familie, Nachbarn und Freunde stimmten dann für einen guten Tod das sogenannte Seelenausbeten an. Zu dem wenigen, was heute noch an Sterbebrauchtum und -ritual erhalten ist, zählt das Kerzenanzünden im Moment des Todes, denn der Seele sollte ja heimgeleuchtet, sprich: der richtige Weg hinüber gewiesen werden. Trickreich ging man in den östlichen Gebieten der ehemaligen kaiserlich-königlichen Monarchie Österreichs und Ungarns bis hinauf ins Schlesische zu

Werke. War das Ende nah, wurde am Kopfende des Sterbebetts sanft mit einem Glöckchen geläutet, um die Seele herauszulocken, jedoch mit der Bitte, zum Abschiednehmen noch ein bisserl neben dem Körper zu verweilen. Danach wurde weiter gelockt und dem Geist des Toten der Weg hinaus gezeigt. Erst läutete das Glöckchen an der Zimmertür, daraufhin im Gang zum Haustor, schließlich ging es einmal ums Haus herum und hinaus auf die Dorfstraße. Erst dann wurde der Knecht zum Messner geschickt, um das Läuten der Kirchenglocken zu veranlassen. Auch der Esoterik-Papst Rudolf Steiner lehrte noch vor der letzten Jahrhundertwende seinen Anhängern, dass die Seele nach Eintritt des Todes noch mehrere Tage gerne nahe ihrer einstigen Behausung, dem nun leblosen Körper, verweilt.

Das Brauchtum um die in guter Absicht wiederkehrende Seele – von den nach dem Tod herumirrenden bösen Geistern wird noch die Rede sein – war vor allem in katholischen Kirchen auf dem Land zu Hause, ist aber heute längst vergessen. In den allerwenigsten Gotteshäusern hat das Arme-Seelen-Loch (nicht zu verwechseln mit dem Heiliggeistloch, aus dem am Pfingstsonntag der Heilige Geist in Gestalt einer weißen Taube kam) Ausbesserungsarbeiten oder den Aus- und Umbau je nach dem gerade angesagten Baustil überstanden. So

ist in der Allerseelen-Bruderschaftskapelle im niederbayerischen Vilshofen an der Donau am Boden vor dem
Altarraum ein solches Loch zu bewundern, das mit dem
unter der Kirchen-Apsis liegenden, früheren „Karner",
dem Beinhaus, verbunden war. Auf diesem Weg konnten die Seelen in den Kirchenraum schlüpfen und bei
Heiligen Messen heimlich neben der hinterbliebenen
Verwandtschaft Platz nehmen.

Möglicherweise waren diese guten Geister, die da mit
Lebenden Gottesdienst feierten, reiche, weil bestärkte
Seelen und nicht schmerzhaft Versengte aus dem Purgatorium. Vielleicht waren sie zu Lebzeiten gemäß dem
Augustinermönch und späteren ersten Protestanten
Martin Luther zu der Erkenntnis gekommen: „Am Ende
des Lebens sind eigentlich nur noch zwei Sachen wichtig: Die Frage, wen muss ich noch um Verzeihung bitten
und wem muss ich noch etwas verzeihen." Unser kreuz-
brav-katholischer Bauer aus Niederbayern hatte ein paar
Seiten zuvor Luthers Spruch aus dem „Sermon von der
Bereitung zum Sterben" genau entsprochen und mit
sich und den Hinterbliebenen den Frieden gemacht.

Zu Allerheiligen und Allerseelen wurden noch bis ins
20. Jahrhundert vor allem in Bayern Opfer in Form von
„Seelen-" oder „Totenbroten" dargebracht und unter
Angehörigen und Freunden verteilt. Man wollte die

Verstorbenen unter anderem friedlich stimmen und sich mit ihnen möglichst dauerhaft gut stellen. Denn in fast allen europäischen Kulturräumen herrschte eine panische Angst vor den sogenannten Wiederkehrern oder Nachzehrern, aus denen in Übersee ein florierendes Marktsegment der Unterhaltungsindustrie in Gestalt von sogenannten Zombies (kreolisch für Totengeist) wurde. Noch heute herrscht die Ur-Angst, eine Seele könne aus dem toten Körper nicht ausfahren, müsse stattdessen mit den verwesenden Resten ruhelos umgehen und würde sich als Untoter fürs Eingesperrtsein gar an den Lebenden rächen. Es kann noch schlimmer kommen: Wenn einer zu Lebzeiten ein böser Mensch war, dann wächst er zum monsterhaften Oberzombie aus, weil er den Weg zur Hölle nicht gefunden hat.

Warum aber zieht Derartiges den Menschen von Anbeginn bis heute derart an und stößt ihn gleichzeitig so ab? Die Religionswissenschaft hat den Begriff des „Mysterium tremendum et fascinosum" geprägt, des Unbegreiflichen, das schockiert und gleichzeitig fasziniert. Zum einen wirkt das unfassbare, überirdisch Große und Verehrungswürdige – für religiöse Menschen ist das das Heilige – stets anziehend, weil es vollkommen und erhaben ist. Ein wenig davon wohnt auch dem Menschen inne, der sich als Ebenbild Gottes all dem sehr nahe sieht. Zum anderen wird er sich jedoch schnell seines Unvermögens, seiner Winzigkeit und Hilflosigkeit bewusst und erschrickt, wenn er sich der vollendeten, nicht fassbaren Allmacht bewusst wird. Eine ähnliche Vorstellung mag sich der aufgeklärte, vernunftbetonte Mensch nachts beim Blick in die Unendlichkeit des Sternenhimmels machen.

Zum Schutz vor den Untoten, möglicherweise aber als Warnung vor dem Minenfeld von „tremendum" und „fascinosum" und davor sehenden Auges ins absolute Unglück zu rennen, hat der Volksglaube ein feines Netz aus Tabus gesponnen.

Die kritische Phase, zwischen der Welt der Lebenden und der Toten hängen zu bleiben, war erreicht, wenn die soeben dahingegangene Person noch auf dem Totenbrett lag. In vielen europäischen Kulturräumen, so auch in Deutschland, durfte in Gegenwart des gerade Verblichenen nicht zu viel geredet, nicht zu viel geplappert werden. Eine Störung des Toten konnte zu dessen prompter Rückkehr aus dem Jenseits führen. Selbst wer zu intensiv an den vermeintlich Heimgegangenen dachte, provozierte den potenziellen Wiederkehrer. Als Schutz davor sollte nach jeder Erwähnung des Toten ein „Gott hab' ihn selig" laut und deutlich ausgesprochen werden. Böses durfte man in den Phasen des Ablebens nicht einmal denken. Denn dann kam postwendend die Rache aus dem Totenreich.

So waren Angehörige, Freunde und Bekannte in Gegenwart des Dahingeschiedenen dazu angehalten, nicht allzu viele Tränen zu vergießen. Nahezu in ganz Europa war diese Regel verbreitet. In vielen Gegenden wurde sogar ein Klageverbot ausgesprochen. Der Tote könnte durch überzogenes Wehklagen festgehalten oder, wenn er bereits auf dem Weg in die Ewigkeit ist, zurückgerufen werden. Und diese Trauervorschrift ist besonders bitter: Eltern durften angesichts ihres verstorbenen Kindes nicht einmal nasse Augen haben, denn sonst wäre es dazu verdammt, ruhelos umherzuirren und den Tränenfluss zu trinken. Tränen aufs Grab tropfen zu lassen, bewirkte Ähnliches. Im Islam kennt man daher den Brauch des Tränenkruges an der Grabstätte, in den hineingeweint werden soll. Möglicherweise stammt daher auch der Spruch „jemandem keine Träne nachweinen."

Das genaue Gegenteil ist in einigen wenigen Bergtälern des westlichen Alpenbogens, in der Schweiz und Frankreich, gebräuchlich. Hier muss die Trauergemeinde kräftig jammern und heulen, weil dies den Toten wohl trösten und friedfertig machen soll. Durchgesetzt hat sich das limitierte Beweinen. Denn keinesfalls dürfen auf den Dahingegangenen oder auf dessen Bekleidung Tränen fallen, da er sonst keine Ruhe findet. Das führte zu dem uralten Brauch oder besser gesagt zu der Dienstleistung, fremde Frauen für das Beweinen im Haus des Verstorbenen oder am Grab anzumieten. Diese Klageweiber setzen sich nach einer festgelegten Dramaturgie im Kreis der Hinterbliebenen gehörig, also lautstark, in Szene. Vor allem im Süden Europas bis in den Orient beginnt das mit einem zunächst kaum hörbaren

Schluchzen, das in ein leises Stöhnen übergeht und sich zu einem immer lauter werdenden Klagen und gellenden Heulen steigert. Dazu liefern die Frauen ein makabres Schauspiel. Sie reißen sich die Haare aus, wobei eine Perücke gute Dienste leistet, zerkratzen sich das zur Sicherheit dick geschminkte Gesicht, werfen sich zu Boden und essen Erde. Etwas weniger dramatisch angelegte Versionen wurden bis ins 20. Jahrhundert im ländlichen Raum Deutschlands inszeniert. Im oberen Rhonetal, in der Gegend von Lyon entwickelte sich gar der Brauch der Klagemänner, die gegen Bares vergleichsweise gesittet in schwarzem Gewand mit Hut und langem Haar am Sarg wehklagen und weinen. Heute gibt es in Deutschland wieder mietbare Klageweiber – und diese haben rein geschäftsmäßig keinen Grund zur Klage. Gekonntes Trauern mit Jammern, Schreien, sich im Humus des frisch ausgehobenen Grabes wälzen, eben das ganze südländische Klage-Programm, ist bei zahlungskräftigen Hinterbliebenen, die sonst durch die Unfähigkeit zu Trauern gehemmt herumstehen würden, eine Art schwarzer Hype.

Allein schon wegen der Untoten-Gefahr herrschte beim Ableben in früheren Zeiten grundsätzlich nie Totenstille. In Altbaiern kam sofort nach dem Todesfall, gerade wenn es sich um den Bauern, den Hofherren handelte, auch nachts geräuschvoll hektische Betriebsamkeit auf. Zunächst wurden alle Hausbewohner aus den Betten geholt. Dann begann die Familie damit, das Mobiliar und anderen Hausrat zu verrücken oder umzustellen. In vielen Gegenden Südbayerns bis hinüber nach Österreich und in die Schweiz sollte damit die Totenseele daran gehindert werden, sich im einstigen Eigentum festzusetzen. Die Menschen glaubten, dass der Sterbende an der Schwelle zum Tod zu einem völlig unbekannten, Unheil bringenden Wesen mutiert, das den gesamten Besitz gefährden könnte. Sie fürchteten sich vor „dem werdenden Dämon", der alles aufzehrt. Nach einem schweren Todeskampf, der auf das innen sitzende, durch den Körper tobende Böse schließen ließ, bekamen die soeben Verstorbenen Münzen auf Augen und Mund gelegt. Die nächsten Angehörigen beschwörten dazu den Dahingegangenen: „Hier hast Du den Zehrpfennig, uns laß den Nährpfennig." Man glaubte, den Verstorbenen – unabhängig von dessen hinterlassenem Testament – auszahlen, abfinden zu müssen, damit er keine Ansprüche mehr stelle. Diese Zeremonie hing auch mit der Vorstellung zusammen, es sei dem Verblichenen alles mitzugeben, was für ihn wichtig und zuletzt um ihn war: lieb gewonnene Gegenstände, benutztes Bettzeug, bei der Leichenwäsche verwendete Utensilien und eben Geld.

Noch bevor die Leiche erkaltet war, ergingen Warnungen an Mensch, Tier und Sachen. Laut und deutlich, fast beschwörend war immer wieder die Ansage zu hören: „Der Bauer ist jetzt tot." Das Vieh im Stall wurde aufgescheucht und umgetrieben. Selbst die Bienen in ihren Stöcken mussten benachrichtigt werden. Aus dem Westfälischen ist die direkte Ansprache der hilfreichen, Honig und Einkommen versprechenden Insekten überliefert. Die Nachricht vom Tod des Bauern, der oft zugleich Imker war, wurde in den Stock gesprochen: „Imme, Imme, din Herr ist dod,/ nu bliw du bi mi in mine Not" (Biene, Biene, der Herr ist tot, nun bleib bei mir in meiner Not). Draußen vor dem Bauernhaus sprach man zu den Obstbäumen. Der Brauch schrieb selbst das Umfüllen des Saatkorns in andere Säcke vor. Hellwach sein, erste Veränderungen des Gewohnten wahrnehmen, vor der Seele warnen, all das war zu befolgen – dies offenbar auch aus dem folgenden Grund: Bruder Schlaf und Gevatter Tod sind Geschwister und wer zum Zeitpunkt des Ablebens zum Beispiel eines Angehörigen schlief, also unbeweglich blieb, lebte gefährlich. Andererseits zeigt dieser uralte Brauch, der längst vergessen ist, wie eng Menschen mit Tieren und Pflanzen im Leben und im Tod verbunden waren.

Im ganzen Haus griff man sofort in die Pendel der Uhren. Zeitlosigkeit war nun wichtig, denn ab sofort herrschte die bleierne Zeit der Trauer verbunden mit dem Innehalten und dem Stillstand des Lebens. Die gerade ausgefahrene Seele sollte nicht durch die Zeiger aufgehalten werden und deshalb womöglich im Diesseits herumgeistern. Rasch wurden die Spiegel mit einem dunklen Tuch verhängt. Die Angst war groß, dass die soeben verstorbene Person von ihrem eigenen Spiegelbild gebannt würde und das Haus nicht mehr verlassen könne. Geister, so der Aberglaube, würden sich außerdem in ihr gespiegeltes Bild verlieben und für immer davor stehen bleiben. Auch befürchtete man, durch die Gefahr der Vervielfältigung des Spiegelbildes weitere Todesfälle im Haus beklagen zu müssen.

Fast überall in Bayern und in Nordtirol schrieb man bis zu Beginn des 20. Jahrhunderts dem gerade verstorbenen Menschen einen Heilzauber zu. Man strich mit der Hand eines aufgebahrten Toten über lästige Muttermale, Warzen, Hühneraugen oder Geschwüre und sollte kurz darauf davon befreit sein. Dann aber war keine Zeit mehr zu verlieren: Schnell mussten die erkalteten und noch nicht leichenstarren Hände gefaltet werden – aus Furcht, dass der Totengeist einen der Seinen mit in die Unterwelt zieht.

Ein Verstorbener mit offenen Augen und aufgesperrtem Mund oder ein Leichnam mit gesundem, rosigem Antlitz – all das zeigte an, dass hier ein „Wiederkehrer" lag, der sich alsbald ein Opfer holen würde. Heutzutage werden aus einem ganz anderen Grund gebrochene Augen geschlossen und Unterkiefer hochgebunden. Man will der Pietät wegen keinen entstellten Leichnam.

Ein Lächeln oder ein Lachen durfte einem Toten jedoch auch nicht ins Gesicht geschrieben stehen. Wer mit heiterer Miene entschlafen war, dessen Geist fuhr sofort aus dem Körper aus – und nahm sogleich einen aus der Verwandtschaft mit hinüber ins Totenreich.

Im deutschen Sprachraum war zudem der bis zum Anfang des 20. Jahrhunderts verbreitete heidnische Glaube nicht auszurotten, wonach Tote aus ihren Gräbern heraus Böses anrichten können. Damit waren in erster Linie die Nachzehrer gemeint, die durch den im Todeskampf aufgerissenen Mund – der verhängnisvollerweise beim Herrichten der Leiche nicht geschlossen worden war – ihre Opfer schrill riefen. Die Menschen glaubten fest daran, dass der Gerufene daraufhin verrückt wird und stirbt. Gelang dies dem Unhold nicht, nahm er in der Grube mit seinen bösen, offenen Augen Kontakt zu ausgesuchten Lebenden auf. So entstand auf telepathischem Wege eine emotionale Verbindung, das Böse nahm seinen Lauf und Hollywood sollte später allerbesten Stoff für Horror-Streifen haben. Als sichtbares Zeichen des unheilvollen Treibens aß der Untote sein Totenhemd oder das Leichentuch auf. Während er daran teuflisch grinsend kaute, starb das Opfer den Hungertod oder wurde von der Pest dahingerafft. Der haarsträubende Aberglaube kam im Mittelalter in den Zeiten von Naturkatastrophen, Kriegen und Seuchen auf. Um den Nachzehrer außer Gefecht zu setzen, öffnete man das Grab und der Tote wurde mit Steinen bedeckt.

Zehrte er dennoch weiter, brach man ihm sämtliche Knochen.

Während der Nachzehrer bewegungslos aus seinem Grab heraus telepathisch operierte, mussten die sogenannten Aufhocker ihre vermeintlich letzte Ruhestätte verlassen. Sie lauerten des Nachts arglosen Wanderern oder Spätheimkehrern aus Wirtshäusern auf. Der Volksglaube ließ sie auf die Rücken der Unglücklichen hüpfen, die den bösen Geist zu der von Gott verdammten Stelle bringen mussten, wo er als Spitzbube und Tunichtgut vom Galgen herab verscharrt worden war. Allerdings wurde der Unhold von Schritt zu Schritt immer schwerer, bis das Opfer vor lauter Anstrengung meist tot zusammenbrach.

Die unerwünschte Rückkehr eines Anverwandten ließ sich auch dadurch verhindern, dass dem Verblichenen zur vorläufigen Krönung des Totenkults eine, wie es vor allem im Altbaierischen heißt, „schöne Leich" bereitet wurde. Es ging um gute Speis' und ausreichend Trank nach der Beerdigung. Wer das Ritual bis dahin nur liederlich befolgt hatte und auch noch hierbei knauserte, dem drohte das beschriebene Grauen. Denn es war von allergrößter Wichtigkeit, die Seele bei ihrer schweren Wanderung in die jenseitige Welt durch einen üppigen Leichenschmaus zu kräftigen. Nach der Beerdigung hielt man deshalb im Wirtshaus an der Tafel einen Stuhl frei und es wurde das Beste aus Küche und Keller aufgetragen. Wer dem Toten einen guten, sicheren und insbesondere ewigen Platz in der jenseitigen Welt verschaffen wollte, musste also schon etwas Aufwand betreiben.

Der Kult um den Tod und letztlich um die Ahnen begleitete die Menschheit von Anbeginn an – unabhängig davon, wo Menschen sich niedergelassen und Kulturkreise gebildet hatten. Denn es fällt auf, dass es bei all diesen Ritualen, Überlegungen und Handlungsweisen fast keinen Unterschied zwischen den Menschen im bayerischen Alpenvorland, in Ostfriesland oder beispielsweise in den Bergen Zentral-Sulawesis in Indonesien gibt. Auch in dieser entlegenen Ecke der Welt hat das Volk der Toraja gehörigen Respekt vor den eben erst Verstorbenen – und diese waren ihnen einiges wert.

Bei den Torajas müssen sich die Seelen auf die gefahrvolle Reise in das ferne Totenland „Puya" machen. Hier ein gefräßiges Untier, dort ein schmaler Weg über eine brüchige Lianenbrücke und darunter ein reißender Fluß, tief, dunkel, alles verschlingend. Würde ein Toter in dieses ungemütliche Gewässer fallen, dann ist ihm das im Chiemgau wie auf den ostfriesischen Inseln ebenfalls gefürchtete Herumirren zwischen den Welten sicher. Und hier wie dort haben die Hinterbliebenen folglich arge Quälgeister am Hals. Aus diesem Grund wird ein rauschendes Fest gegeben, das die Götter friedlich stimmen und die Seele fit für den gefährlichen Trip machen soll. Der Unterschied zu den Gebräuchen etwa der Bayern oder der Ostfriesen ist, dass solche Feste die Familien der Toraja regelmäßig ruinieren, weil zahllose Freunde und Bekannte einzuladen sind, für die Herden von Schweinen und Rindern geschlachtet werden müssen. Das führt oft genug dazu, dass die Familien gänzlich verarmen – Hauptsache, die Ahnen sind drüben unversehrt angekommen und guter Dinge. Die Toraja wissen nämlich auch, dass die Verwandtschaft gerne aus dem Jenseits ins Geschehen eingreift, mitunter auch strafend, wenn Regeln verletzt werden.

Die Ahnen bei Laune halten: Das tun neben anderen Naturvölkern auch die Stämme der Betsileo und Merina im zentralen Hochland von Madagaskar. Sie feiern im Zehn-Jahres-Rhythmus das Fest „Famahidana", das Fest der Umwendung der Toten. Dazu werden die Verstorbenen ausgegraben, für viel Geld neu und prächtig eingekleidet und danach wieder beigesetzt. Auch das ist eine kostspielige Angelegenheit, da das Wenden tagelang gefeiert wird.

Deutlich billiger ist der Ahnenkult anderswo in Asien. Dort wird bewusst darüber hinweggesehen, dass einer der ihren gestorben ist. Verblichene Angehörige werden mit allerlei Tricks präpariert, bleiben in der Familie, werden mit Verwandten vermählt und der Dorftratsch dichtet ihnen sogar Vater- und Mutterschaften an.

Nach dem katholischen Ritus hierzulande sollten das Besprengen der hoffentlich letzten Ruhestätte mit Weihwasser und das Glockenläuten die Totenruhe garantieren. Später waren dann auch ein Grabstein oder -kreuz eine zusätzliche Sicherung, denn das Grab war – nach dem in fast ganz Europa verbreiteten Volksglauben – das Totenhaus, das einen Namen haben sollte. Dennoch gab es in vielen Gegenden Gräber ohne einen Hinweis auf die beerdigte Person. Nur dem Adel und der Geistlichkeit waren Titel- und Namensnennung direkt am Ort der Bestattung erlaubt. So musste sich das gemeine Volk vor allem im bayerischen Raum mit beschrifteten Totenbrettern begnügen. Diese Bretter wurden nach der Beerdigung zum Gedenken an den Verblichenen an markanten Einzelbäumen, an Weggabelungen, an Kapellen oder an Scheunen aufgestellt. Jeder, der vorbeikam, sollte sich Zeit für ein Gebet, für ein Erinnern an den Toten und für die Besinnung auf den eigenen Tod nehmen. Der Brauch der Totenbretter wird vom oberbayerischen Alpenraum bis hin zur Donau und darüber hinaus nur noch vereinzelt gepflegt.

Anfangs waren die hölzernen Zeugnisse schmucklos und trugen nur den Namen, das Geburts- und Sterbedatum der Betreffenden. Später kamen kunstvolles Schnitzwerk und sogar bunte Bemalung dazu. Auch ein „Memento mori" oder ein „Requiescat in pace" fanden sich darauf. Ebenso wurde es Brauch, dem Toten bedeutungsvolle Mehrzeiler zu widmen. Manch eine

Träne wurde vergossen, wenn auf Totenbrettern längst verstorbener Kinder zu lesen stand: „Mein Kind das war ein Rosenknosp' und wollt' ein Rose werden. Da kam der Tod und roch daran – jetzt ist es nicht mehr auf Erden."

Im Sinne des „Memento mori" wurden die Nachlebenden ermahnt: „Wanderer, steh still und schau: Was du bist, das war ich auch, was ich bin, das wirst du werden, eine Asche in der Erden." Auf vielen Totenbrettern im Bayerischen Wald setzte sich dieser Warnspruch durch: „Gewiss ist der Tod, ungewiss der Tag, und die Stunde niemand wissen mag. Drum tu gut und denk dabei, dass jede Stund' die letzte sei."

Zuweilen jedoch gab es auch was zum Schmunzeln, dann nämlich, wenn derb-heitere Sprüche die Totenbretter zierten: „Das gilt dem Johannes Weindl, g'lebt hat er wie ein Schweindl, gsoffen hat er wie eine Kuh, der Herr geb' ihm die ewige Ruh."

Totenbretter oder Marterl als Erinnerungstafeln trugen oftmals ernst gemeinte, jedoch unfreiwillig komische Resultate ländlicher Dichtkunst. So ist auf einem ostbayerischen Bildstock ein ungewöhnlicher Kunstgriff in der Vers-Technik dokumentiert. Das gesunde Kreuzblütengewächs namens Rettich wird hier zurechtgebogen, bis es sich auf „gnädig" reime: „Du fragst, wer logiert da drin? / Es ist die Anna Schnitzelin. / Sie lag mit 45 Jahr / grad zu Martini auf der Bahr. / Sie war von allen Lastern frei / und trieb sehr stark die Gärtnerei. /

Sie hat gebaut viel Rub'n und Rädig / Gott sei der armen
Seele gnädig! Amen."

Nicht zu vergessen die Sprüche auf vielen Grabkreu-
zen und -steinen, die den Rundgang auf ländlich gele-
genen Gottesäckern durchaus unterhaltsam gestalten
können. Ungeschminkte Wahrheiten und zuweilen
Niederträchtiges sind dort verewigt: „Hier liegt Martin
Krug, der Kinder, Weib und Orgel schlug", oder mit
Häme über den Tod hinaus: „Hier schweigt Johanna
Vogelsang, sie zwitscherte ihr Leben lang".

Im oberbayerischen Voralpenland sollten die meist
spruch- und schmucklosen Totenbretter aus weichem
Holz sein, der schnelleren Verwitterung wegen. Hier
und anderswo wollte es der Volksglaube, dass das Brett
erst zerfallen müsse, damit die Seele aus dem Fegefeuer
befreit werde. Um dem Verstorbenen die Zeit der quä-
lenden Reinigung im Purgatorium zu verkürzen, legten
die Hinterbliebenen das Holz zum Faulen in sumpfiges
Gelände oder über einen kleinen Bachlauf.

Auf steten Verschleiß zugunsten der armen Seelen
setzten auch die Stifter mächtiger und prächtiger Grab-
platten in den Böden von Domen und Kathedralen.
Wenn viele Beter und Besucher mit ihren Füßen die
Platten abwetzten, dann, so die Hoffnung, hätten die
Verstorbenen nicht länger im Fegefeuer zu darben.

Die Totenbretter von heute sind die kleinen Kreuze
und altarähnlichen Aufbauten mit Kunstblumen,
Plastikengeln und dem Lieblingsspielzeug am Straßen-

rand, die an Unfalltote erinnern sollen. Da findet sich immer öfter ein verzweifeltes „Warum?", umsichtig in regensichere Klarsichthüllen geschoben. Orte des Verbrechens oder Unglücksstätten sind voll davon, daneben ein Meer aus folienverpackten Solitär-Rosen und Teelichtern. Es ist Mode geworden, spontan und ungefragt Zeichen des Aufgewühltseins, der Anteilnahme, der Trauer und des Gedenkens zu setzen. Oder ist es die Fortsetzung, die Weiterentwicklung des scheinbar längst vergessenen Toten- und Sterbebrauchtums, in zwar höchst anonymer Form, aber deutlich sichtbar? Ein „Memento mori" in postmodernen Zeiten?

Das christliche Brauchtum, das katholische vor allem, kennt für dieses Innehalten eigene Tage der Einkehr und Besinnung, die heute gerne als Brückentage für Kurzurlaube auf Mittelmeerinseln benutzt werden: Im Monat November, wenn die Abende und Nächte fühlbar länger werden und auch die Tage in grauen Nebeln zu verschwinden drohen, stehen nacheinander Allerheiligen, Allerseelen, der Volkstrauertag und der Totensonntag im Kalender. Die abgesehen vom Volkstrauertag christlich geprägten Gedenktage beinhalteten nicht nur das Erinnern an die Toten durch Besuch und Pflege der Gräber, sondern waren zudem erfüllt von der Sorge um die „Wiederkehrer" mit bösen Absichten und um

die harmlosen Totengeister, die den Absprung in die
ewige Seligkeit nicht geschafft hatten. Noch Ende des
19. Jahrhunderts beschrieb der österreichische Volkspoet
Peter Rosegger die sehr merkwürdigen Gepflogenheiten
seiner Heimat an Allerseelen: „Da wird in der Steiermark keine Tür und kein Tor etwa gewaltsam zugeschla-
gen, aus Furcht, eine arme Seele zu zerquetschen. Da
wird kein Messer auf dem Rücken, kein Rechen mit den
Zinken nach oben liegengelassen, aus Vorsicht, dass
nicht irgendeine arme Seele darüber stolpere, sich ritze
oder schneide. Auch darf an diesem Tag keine leere
Pfanne über dem Feuer stehen, damit sich nicht unversehens eine arme Seele hineinsetze und elend verbrenne.
Ferner ist es unstatthaft, einem Frosch oder einer Kröte
etwas zuleid zu tun, da man nicht wisse, ob nicht eine
arme Seele in der Gestalt dieser Tiere an ihrem Tag sichtbar werde."

Die Umherirrenden aus dem Totenreich treiben die
Lebenden bis in unsere Gegenwart um. Das ursprünglich
irisch-keltische Ritual des Halloween-Festes, das Ende
der 1980er Jahre aus den USA reimportiert wurde und zu
einem Konsum-Spaßetterl verkommen ist, lässt die
Toten nächtens zwischen Allerheiligen und Allerseelen
wandern. Die Botschaft lautet: Gerade in dieser Zeit ist
der Mensch den finsteren Mächten, die seiner eigenen
dunklen Seite entspringen, schutzlos ausgeliefert. Im
Englischen hieß dieses Fest ursprünglich „All Hallow's
Eve" (= aller Heiligen Abend) und bezeichnete die Feiern

am Abend und in der Nacht vor Allerheiligen. Zusammengezogen zu „Hallowe'en" kennzeichnete das Fest nach urkeltischer Lesart den Winteranfang, wenn das Vieh von den Weiden zurück in die Ställe kommt und die Seelen der Verstorbenen daheim bei den Hinterbliebenen mal wieder vorbeischauen wollen.

Dies war von altersher zugleich ein Moment im Jahreslauf, an dem Sterbliche Zugang in die mystische Anderswelt hatten. Den meisten Menschen, den schreckhaften vor allem, erschien das Fest deshalb als unheimlich. Denn der keltische Volksglaube besagt, dass Menschen nur in dieser Nacht auf Seelenwanderung gehen

können. Allerdings sind dann auch Wesen aus der jenseitigen Welt Richtung irdisches Dasein unterwegs oder wirken aus dieser Sphäre in die Menschenwelt hinein – und das nicht immer zum Guten. Im streng katholischen Irland wurde ab Allerheiligen von der Kanzel herunter heftig gegen diesen Geisterglauben gewettert. Das half genauso wenig wie die strengen Ermahnungen hiesiger Gottesmänner.

Das Licht in der Dunkelheit

Der 2013 verstorbene Würzburger Kulturwissenschaft-
ler Christoph Daxelmüller hat die Betrachtungsweisen
und Einstellungen zu Sterben und Tod vom Mittelalter
bis in die Jetztzeit einzudampfen versucht: „Vom sinn-
vollen Tod und der tragenden Rolle der Kirche über die
Laisierung seit der Reformation bis hin zur Säkularisie-
rung und Profanisierung, die mit der Aufklärung ein-
setzte, vom Sterben in Gemeinschaft hin zum Sterben
in der Einsamkeit der Krankenhäuser, vom Priester zum
Bestatter, vom Tod als vertrautem Partner hin zu seiner
Verdammung." Das ist kein schlechtes Destillat für den
Lebenslauf des Todes durch unsere Geschichte. Da und
dort jedoch scheint im Dunkel der Hoffnungslosigkeit
ein wärmendes Licht auf.

So ein Kerzerl hat auch die Anni Sigl angesteckt, unsere Bäuerin aus der Nähe von Grafenau im Bayerischen
Wald. Sie verdiente als junges Deandl in den 1950er Jahren als Krankenhelferin in einer Münchner Klinik ihr
erstes Geld. Aus dieser Zeit weiß sie eine wundersame
Geschichte zu erzählen, die sich so nur in Bayern zutra-
gen kann. Wie damals überall in den Krankenhäusern
üblich, wurden in jener Klinik die Sterbenden aus den
Krankenzimmern schleunigst in Räume im Unter-
geschoss oder Keller gebracht. Am besten halt weit weg
von den bald wieder Gesunden und weil doch der Tod
der Todfeind des ärztlichen und pflegenden Personals
ist. Eines Tages brachte die Anni wieder einmal eine
todgeweihte Patientin hinunter ins Sterbekammerl.

„Die hams aufgebn ghabt. Wia gstorbn wars drin g'leng. Drunten im Keller schlogts auf oamoi d'Augn auf und mecht was zum Dringa." Das Mädchen aus dem Bayerwald dachte sofort an Bier, Alkohol war aber in der Klinik strengstens verboten. Über viele Umwege beschaffte sie den auf einmal so kostbar gewordenen Gerstensaft. Die Anni sah aber, dass die Frau viel zu schwach war für ein

normales Quantum, also für eine Halbe, und flößte der Frau das Bier deshalb stamperlweise aus einem kleinen Glas so groß wie ein Fingerhut ein. Das ging ein paar Tage so zu. Dank Annis Bier-Therapie erholte sich die Kranke zusehends. Der herbeigerufene Arzt, der die Frau schon aufgegeben hatte, war tief beeindruckt von der Wirkungsweise der weiß-blauen Volksmedizin. Kurze Zeit später wurde die Patientin entlassen, „pumperlgsund", wie die Anni unter Zustimmung der Ärzteschaft diagnostizierte. Unsere Bierheilerin, die mit Gerstensaft die obendrein vermögende Frau vom Tode errettet hatte, bekam wenig später einen Dankesbrief. Darin waren zudem 150 Mark, zu dieser Zeit ein kleines Vermögen, das für ein ganzes Biermedizin-Depot gereicht hätte.

Die Geschichte zeigt, dass der Tod, wenn er daherkommt, und der Mensch, wenn er denn am Dahingehen ist, nicht schlecht zusammenpassen. Denn durch den Herrn Gevatter bekommt das Leben Sinn und Tiefe und jeder Augenblick einen Wert. Und genau dahin, ins Leben bis zum letzten Atemzug, da gehört er heute immer noch hin, der Boandlkramer.

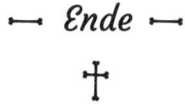

Ende

✝